JN410050

제 손이 따뜻한가요

제 손이
따뜻한가요

강외숙 · 김양희 · 김지영 · 박을남
부재옥 · 오복경 · 정선남 · 조옥자 · 황인옥 지음

노인연구
정보센터

추천의 글

어느 한 국가의 복지 수준을 끌어올리기 위해서는 국가가 제도를 잘 만들고 정책을 잘 수립해야 한다. 그리고 이를 바탕으로 복지인력들이 실천 현장에서 클라이언트나 지역 주민에게 적절하고 최상의 서비스를 제공하려고 노력해야 한다. 이는 정책과 실천은 서로 유기적으로 움직이어야 한다는 뜻이다. 아무리 훌륭한 복지정책을 수립했다고 하더라도 복지인력들이 그 정책을 따라갈 수 없다거나, 그 반대로 실천 현장에서 최상의 서비스를 제공하려고 제아무리 노력해도 정책이나 제도적 뒷받침이 없으면 복지 수준은 향상되지 못한다는 것이다.

그동안 우리나라는 60년대 초부터 시작된 경제사회발전계획에 의해 경제성장을 이룩하였고 이를 통해 많은 복지제도가 만들어지고, 개선되고 발전해왔다. 또한, 복지 현장에서 종사하고 있는 인력들도 새롭게 양성되고 전문화되어 왔다. 그들의 전문성과 헌신적인 노력에 힘입어 복지제도가 유지되고 국민들의 복지 수준이 향상될 수 있었다고 생각한다.

그렇지만, 지속적으로 국민들이나 클라이언트들의 복지 욕구는 나날이 높아지고 다양화해지면서 복잡해지고 있기 때문에 제도나 인력은 이에 부합할 수 있도록 더욱 세밀해져야 하고 전문적이어야 한다.

이 책은 복지실천 현장에서 클라이언트들을 대상으로 오랫동안 서비스를 제공해 온 전문인력들의 경험담을 엮은 것이다. 그러한 저자들의 경험담을 통해 복지제도의 발전을 엿볼 수 있었고, 더 나은 복지를 위해서 필요한 제도적 뒷받침이 무엇인가도 다시 한 번 생각하게 된 계기가 되었다.

복지 현장의 종사자나 정책수립자, 또는 연구전문가들이 알찬 서비스 제공의 노하우를 개발하고, 국가가 복지정책을 개선, 발전시켜 나가고자 할 때, 이 책을 한 번 읽어보기를 추천하고자 한다.

선우덕 (동아대학교 교수, 전 한국보건사회연구원 선임연구위원)

차례

나의 선급 기부금

눈 위의 발자국

사람, 참 징하다. 아니 찡하다

행복한 '생선 할아버지'

/

강외숙

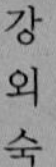
강
외
숙

나의

선급 기부금

어르신이 구름타고 하늘로 가시는지

새파란 하늘에 뭉게구름이 꽃처럼 피어올랐다.

우리 센터(참사랑의 집)는 창원 시청에서 기초수급자가 가장 많은 지역을 추천받아 시작하였다. 오일장이 서고, 월세가 가장 싼 달동네에 위치해 있다. 당시 버스가 다니는 큰길가에는 술집들이 줄줄이 들어서 있어 불야성을 이루고 있었지만, 바로 뒷골목은 어둡고 초라한 집들이 다닥다닥 붙어있는 곳이었다. 어려운 살림에 한 끼라도 따뜻하게 먹고 싶어서 멀리서도 찾아오는 사람들로 매일 북새통을 이루었다.

이 세상에 나이 들지 않는 사람은 없다. 우리 사회가 이만

큼이나 성장할 수 있었던 것은 나이 드신 어르신들의 노력 덕분이라는 것을 누구도 부정할 수 없다. 그렇지만 그 노력을 알아주는 이가 누가 있을까? 사회조차 외면한 그들을 위해 작지만 그 노력에 보답하는 마음으로 어르신들을 좀 더 편안히 모시고자 노력하는 나날이었다.

찾아오는 분들을 존중하는 마음을 담아 식탁마다 이름을 붙였다. 90세가 넘으신 어르신들에게는 무병장수하시라는 의미에서 장수석, 학처럼 고고하게 사시라고 학석으로 구분하여 지정석을 관리하면서, 하루하루 어울리는 자리를 마련했다.

4월은 잔인한 달이라고 누가 그랬던가?

○○○○년 4월, 자원봉사자 50명과 함께 경남장애인체육대회를 열심히 준비하였다. 당시 장애인체육대회는 예산도 지원도 턱없이 부족한 실정이었다. 선수들의 번호표도 직접 만들어야 했고, 꽃다발을 살 여력이 없어서 봉사자들을 모집하여 직원들과 힘을 모아 꽃 도매시장에서 사온 꽃으로 직접 수상자 꽃다발을 만들어야 했다.

그 해도 변함없이 볕이 잘 드는 급식소 마당에서 대회

준비를 하고 있었다. 어떤 분들은 식사를 마치고 곧장 돌아가셨고, 어떤 분들은 잠깐 남아서 한글이나 민요를 배우고 계셨다. 장수 어르신들 몇몇은 급식소 마당 한 편에 앉아 꽃다발 만드는 모습을 지켜보셨다. 다른 날과 다를 것 없는 보통의 하루였다. 그때 갑자기 한 어르신이 의자에 앉아 계시다가 한쪽으로 스르르 넘어지셨다. 마침 옆에 계시던 수지침 선생님께서 알아채시고 119에 신고하였고, 다행히 119 안전센터가 급식소 가까이에 있어 신속하게 병원으로 모실 수 있었다.

혼자 사는 분이라 보호자 연락처를 알 수가 없어 동사무소에 긴급 의뢰하여 보호자를 찾아 소식을 전하였다. 다행히 며칠 뒤, 병원에서 퇴원할 수 있었고, 집에서 쉬고 계신다는 이야기를 다른 어르신들로부터 들을 수 있었다. 사회복지사들과 병문안을 갔더니, 고맙다며 감사 인사를 하셨다. 혼자 누워 계시는 어르신이 걱정되어 매일 죽을 싸 들고 가서 안부를 확인했다. 가끔 딸들이 찾아와서 수발을 해드리는 것 같았다. 몇 번 마주쳤을 때는 어머니 혼자 계시는 게 불안했는데, 항상 들여다봐주어서 고맙다는 말을 건네기도 했다. 하지만 어르신은 그해 여름을 넘기지 못 하고 먼 여행을 떠나셨다.

그런데 그다음 날 상복을 입은 따님들이 찾아와 급식소에서 어머니를 돌아가시게 했다며 고래고래 소리를 지르고 행패를 부렸다. 옆에 계시던 어르신들이 '평소 돌보지도 않고 혼자 사시게 한 게 미안해서라도 조용히 상이나 치르고 그동안 고마웠다고 찾아올 일이지 떼쓰면 뭐라도 나올 줄 알고 행패를 부린다' 며 좌중이 술렁이기 시작했다. 또 어떤 어르신들은 '어머니 얼굴에 똥칠을 한다' 고 욕을 퍼붓기도 하셨다. 이러다 다른 어르신들까지 휘말려 큰 싸움이 일어날 것 같아 가족들을 상담실로 모시고 가서 이야기를 나누었다. 차분히 전후 상황을 설명하였지만 전혀 말이 통하지 않는 사람들이었다. 내일이 출상이니 장례비를 달라며, 안 주면 어머니를 급식소 마당에 두겠다고 협박을 했다. '당신들에게 줄 돈이 있었다면, 어르신들에게 조기 한 마리라도 더 대접했을 것' 이라고 했더니 고발하겠다고 씩씩대며 돌아갔다.

뒤늦게 사건을 알게 된 이웃 어르신들이 내 어깨를 토닥이며 넌지시 위로해 주셨다. 딸 다섯에 아들 하나를 낳았는데, 아들만 공부시킨 탓에 딸들이 원망이 많았다는 이야기를 전해주셨다. 그렇게 즐겁지 않은 해프닝으로 끝나는 듯했다.

며칠 후, 경찰서에서 어르신 일로 조사에 응해달라는 연락을 받았다. 망치로 머리를 세게 얻어맞은 것 같은 충격을 받았다. 어르신을 진심으로 모셔왔건만, 진심을 알아주기는 커녕 돈을 얻어내려고 험악해진 유가족의 모습에 충격이 가시질 않았다.

경찰서에 가서 형사와 마주 앉았다. 첫 마디가 '전과 있어요?' 였다. 무슨 말인지 이해를 못 하고 멍하게 앉아 있는데, 다시 한 번 '전과 있어요?' 하고 묻는다. 그제야 무슨 뜻인지 알아듣고서 당황스러운 얼굴로 '아니요' 하고 답하고 자초지종을 설명했다. 상주들은 보상을 요구하지만, 보상은 있을 수 없는 일이며, 그 돈이 있다면 급식소 어르신들께 조기 한 마리라도 더 대접해 드리겠다고 대답했다.

조사를 끝낸 형사는 벌떡 일어나 고개를 숙이며 '죄송합니다. 계속 봉사해주십시오' 라고 정중하게 사과했다. 사실 그 어르신 아들과 고등학교 동창이라 누님들 성화에 못 이겨 어쩔 수 없이 조사하게 되었다면서 '혐의없음' 을 통보하겠다고 조심히 돌아가라며 배웅해 주었다.

이후에도 딸들은 동사무소, 시청, 지역 파출소까지 찾아다니며 복지시설이 무슨 정부 기관인 양 피해를 보상하라며 계속 소란을 피웠다. 하지만 급식소에서 봉사활동을 해온 지역주민들과 단체들은 사정을 잘 알고 있기에 그들의 말을 전혀 믿지 않았다. 오히려 혼자 지내다 돌아가신 어르신을 안타까워하며 임종 뒤에 돌변한 가족들의 태도에 장례식장에서 그들을 나무라는 뒷말들이 오갔다는 소식을 전해 들었다.

그러던 어느 날, 어르신의 아들이 혼자 센터에 찾아왔다. 누나들을 설득하고 마음을 풀어줄 명분을 찾으러 왔다며 통사정을 했다. 자신도 이 소란을 하루빨리 해결하고 싶다면서 이번 한 번만 센터에서 양보해줄 수 없겠느냐며 애원을 했다. 금전적 보상으로 문제를 해결한다는 것은 있을 수 없다며 거절했지만, 한편으로는 누나들 등쌀에 얼마나 마음고생이 많을까 하는 생각에 마음이 아프기도 했다. 아들은 연신 미안하다면서도 하루가 멀다고 센터를 찾아왔다. 누나들의 행동은 괘씸했지만 아들의 정성에 못 이긴 척 양보해주기로 했다. 하지만 조건을 달았다. '이건 아드님의 선급 기부금입니다. 제가 선급으로 기부하는 대신 아드님이 나중에 복지기관을 후원하고 거기서 봉사한다는 조건입니다' 라고 했더니 꼭 그렇게 하겠다고 약속했다.

비록 적은 돈이었지만 어르신 가시는 길 편히 가시기 위한 노잣돈이라고 생각하며 하늘을 쳐다보니, 어르신이 구름 타고 하늘로 가시는지 새파란 하늘에 뭉게구름이 꽃처럼 피어올랐다.

그로부터 3년이 흘렀다. 가족들과 식사하려고 어느 식당에 들어갔는데 그 어르신의 아들이 운영하는 식당이었다. 반가운 마음에 인사했더니, 나와의 약속을 지키려고 봉사활동도 하고 기부금도 내며 열심히 살고 있다고 묻지도 않은 고백을 속사포처럼 꺼내놓는다. '아, 헛되지 않았구나' 그 순간이 지금도 잊히지 않는다. 메마른 땅에 심은 작은 씨앗이 싹을 틔운 것 같은 감동이었다. 그렇게 그 어르신은 내게 큰 깨달음을 주신 스승이 되었다. 그리고 지금까지도 나에게 많은 가르침을 주시는 것을 보면, 우리 어르신들이 나를 수호천사처럼 지키고 일깨우는 것 같다.

그 일이 있었던 뒤, 해마다 익명으로 기관 입구에 쌀을 후원하거나 후원금이 들어오는 일이 여러 번 이어졌다. 그럴 때마다 여전히 나는 그 어르신과 아들을 생각하곤 한다. 그해 4월은 정말 나에게 잔인한 달이었다. 그러나 너무 소중한 인연이었기에 그저 지나감이 서글퍼 그렇게 사무쳤나 보다.

눈 위의 발자국

사람이 살아간다는 것은 무엇이고,

함께 보낸 시간은 어떤 흔적을 남기는 것일까?

어느 해 겨울, 늦은 밤까지 흰 눈이 펑펑 내렸다. 경상도 창원은 겨울에도 눈을 보기 힘든 지역이다. 제설장비도 제대로 갖춰져 있지 않아 한 번 눈이 내리면 다음날은 어김없이 빙판길로 출근길은 전쟁이 된다.

'다들 무사히 출근해야 할 텐데…….'

'이런 날씨에 도시락은 제때 배달할 수 있을까?'

'산모퉁이 사는 어르신은 나오지 말고 댁에 계셔야 할 텐 데, 어제저녁에 전화라도 드릴 걸 그랬나?'

이런저런 걱정으로 잠을 이루지 못 하고 뒤척이다 하늘이

희뿌옇게 밝아오는 창밖을 보니 다행히 눈발이 멎어있었다.

이른 아침, 동료들은 쌓인 눈 때문에 어르신을 찾아뵐 수 있을까 걱정하면서도 야무진 손길로 도시락 준비에 한창이었다. 멀리 계셔서 차를 타고 가야 하는 어르신께는 전화로 안부만 묻고, 가까이 사시는 어르신들만 우선 방문하기로 했다.

도시락을 들고 길을 나선 우리들 앞에 아무도 밟지 않은 새하얀 눈길이 펼쳐졌다. 산과 들에 온통 눈이 덮여 매일 다니던 길인데도 낯선 느낌이 들었다. 조심조심 눈을 헤치며 걷느라 평소보다 훨씬 더딘 속도에 마음은 점점 조급해졌다. 그래도 그 길 끄트머리에 사시는 어르신을 뵙고 나면 밤새 안녕하셨구나, 다행이다 하는 마음에 저절로 미소를 짓게 될 것이다. 그렇게 동료들과 함께 한 분 한 분을 찾아뵈었다. 드디어 북면 중방마을에 들어섰다. ○○○어르신 댁에는 전화가 없어서 밤새 안녕하셨는지 확인할 길이 없었다. 그래서 발걸음이 더욱더 빨라졌다. 도시락을 들고 양철 대문을 밀어보니 마당에 쌓인 눈 위에 희미하게 발자국이 나 있고, 댓돌 위에는 낡은 고무신 한 켤레가 덩그러니 놓여있다.

'밖에 나가려다 눈 때문에 방에만 계시나? 아니면 주무시나?' 인기척이 들리지 않아 "○○○어르신."하고 부르며 대문 안으로 들어섰다. 뭔가 타는 냄새가 나서 얼른 가마니를 엮어 만든 문을 밀치고 들어갔다. 석유풍로 위에 올려진 큰 대야가 검게 그을려 연기가 풀풀 나고 있다. 황급히 불을 끄고 연탄집게로 대야를 땅바닥에 내려놓았다.

신발을 벗고 작은 툇마루에 올라 문고리를 잡았더니 날이 추워서 손이 쩍 달라붙는다. 다시 어르신을 불러도 기척이 없자 가슴이 덜컥 내려앉는다. 방문을 열자 어르신은 이불을 덮은 채 미동도 없이 누워 계셨다. 그해 겨울, 흰 눈을 이불 삼아 어르신은 그렇게 하늘로 먼 여행을 떠나셨다.

마루로 나와 찬 바람을 쐬며 아득해진 정신을 겨우 추슬러 사무실에 상황을 알리고, 119와 파출소, 면사무소에도 연락을 넣었다. 그제야 주변 상황이 눈에 들어왔다. 마당에 희미하게 남은 어르신 발자국 곁에 우리의 발자국이 어지러이 찍혀있다. 다시 부엌으로 가보니 부뚜막에는 지난 봄 생일잔치 때 선물 받은 예쁜 단화가 얌전히 놓여있었다. 아끼느라 신지도 못 하고 눈으로만 보면서 좋아하셨을 것이다. 어르신은 세숫물을 준비하느라 새벽에 나와 풍로 위에 물 담은 세숫대야를 올리셨을 것이다. 그사이 하늘나라로 가실 줄도 모르고.

만약 오늘 눈 때문에 어르신 댁에 오지 못했다면, 우리가 도시락 배달을 포기해버렸다면, ○○○어르신의 마지막 가는 길은 더 외로웠으리라.

시간이 지날수록 어르신 생전의 모습이 점점 또렷해졌다. 어르신을 처음 만났을 때가 떠오른다. 며칠이나 감지 않아 엉망이 되어버린 머리를 하고는 마루 끝에 앉아 누구를 기다리시는지 눈이 빠지도록 양철 대문을 바라보고 계셨다. 비누도 샴푸도 없어서 급한 대로 주방세제로 머리를 감겨드렸다. 내친김에 미용 봉사자를 데려와서 머리도 산뜻하게 잘라 드렸다.

어르신에게는 두 자녀가 있었지만, 자식들은 무엇이 그리 바쁜지 한 번을 찾아오질 않았다. 그런데도 손자, 손녀 주려고 텃밭에 옥수수며 고구마를 심었다가 수확하면 작은 냉장고가 터지도록 차곡차곡 쟁여두며 자식과 손주 맞을 준비에 여념이 없으셨다. 매일 사회복지사들이 찾아갈 때마다, 자식은 꼭 아들 다섯이 있어야 한다며 당부하셨다. 오매불망 자식들만 기다리는 어르신 모습에 속이 상해서 '찾아오지 않는 자식들, 많이 낳아 뭐해요' 볼멘 목소리로 답하면, 어르신은 내 손을 도닥이시며 '그래도 나 죽으면 자식들이 장사 치러 줄 건데…….' 라고 나지막이 타이르시던 목소리가 들리는 것 같다.

항상 죽음으로 귀결되는 인연의 끝은 몇 번을 경험해도 무뎌지지 않는다. 녹아버리면 흔적도 찾을 수 없는 눈 위의 발자국처럼, 사라져버린 어르신과의 시간이 애처롭다. 하지만 여전히 내 가슴 속에는 어르신과 함께 보낸 시간, 추억들이 지워지지 않는 흔적으로 남아있다.

사람, 참 징하다.
아니 찡하다

단단하고 메말랐던 어르신의 굳은 마음에
복지라는 씨앗을 뿌린 게 아니었을까

참 사랑의 집이 위치한 지역은 창원에서 가장 낙후된 달동네 같은 곳이다. 싸지만 환경이 열악한 셋방들이 줄줄이 들어서 있는 곳. 그러다 보니 기초생활수급자나 소득이 거의 없는 어르신들이 많이 살고 계신다.

어느 해 봄, 풍채가 육중한 한 중년 남성이 센터 앞을 서성이고 있었다. 셔츠에 신사복 바지를 입고, 조끼 위로 회중시계 줄을 늘어뜨린 모습은 뭔가 차려입은 듯 보였지만, 지저분한 옷, 퉁퉁 부은 얼굴에 부자연스러운 걸음

걸이가 눈에 띄었다. 센터로 들어오지는 않고 계속 안쪽만 힐끔거리고 계시기에 나가서 무슨 일로 오셨는지 묻자, 식사 배달을 신청하러 왔다고 하셨다. 노부모님의 식사 배달을 신청하시는 것인지 묻자, 본인 식사라고 하셨다. 사정인 즉슨, 기초생활수급자인데다, 교도소에서 나온 지 얼마 되지 않은 데다 정해진 거처도 없이 근처 여인숙에서 지내고 있다고 하셨다.

상처투성이인 과거를 안은 채 절망과 결핍, 회한이 뒤섞인 얼굴로 잘려나간 손가락처럼 사회와 단절된 채 살아가고 있는 모습에 절로 안타까운 마음이 들었다.

식사 배달은 65세 이상 어르신들에게만 제공되지만, 긴급지원으로 드릴 수 있을 것 같았다. 하지만 직원이나 자원봉사자가 여인숙을 드나드는 모습은 괜한 오해를 살 수도 있었다. 그래서 배달은 어렵고 무료급식소에 식사하러 나오시라고 권했다. 걷는 게 힘들어서 나오기가 어렵다고 하시는 어르신에게 운동도 하실 겸 천천히 나오셔서 시간을 보내시라고 재차 권했더니 그렇게 하겠노라 대답하셨다. 뭔가 하고 싶은 말이 더 있는 눈치여서 곁에서 기다렸지만 입술만 몇 번 달싹이시더니 자리를 떠나셨다.

이후 이삼일 정도 급식소에 오셔서 식사를 하셨는데, 또 며칠간 모습을 보이지 않으셨다. 궁금해하던 차에 동사무소에서 연락이 왔다. 그 어르신이 거동이 너무 힘들다고 하셔서 휠체어를 구해 드렸는데, 휠체어를 밀고 다닐 수 있는 길이 아니라 급식소에 갈 수 없으니 본인이 거처하는 곳으로 도시락 배달을 요청하셨다는 이야기였다.

'충분히 다닐 수 있는데도 공무원한테 무조건 큰소리치면 모든 게 해결된다고 여기시나?' 하는 생각이 머릿속을 스쳐 갔다. 그래서 어르신이 특수한 상황이니 방을 구해서 나오시면 그때부터 식사 배달을 해드리겠다고 안내했다.

며칠 후 다시 동사무소에서 어르신의 소식을 전해 듣게 되었다. 어르신이 동사무소를 찾아가서 방을 구해내라고 소란을 피우셨다고 했다. 긴급지원 신청을 해둔 상태이고 방법을 찾고 있으니 조금 기다려달라고 몇 번이나 설명을 해드렸지만, 눈을 부라리며 당장 방을 구해주지 않으면 동사무소 로비에 드러눕겠다고 생떼를 쓰고 가셨다고 한다.

한 달여 정도 지났을까, 담당 공무원이 지친 기색이 역력한 목소리로 어르신이 셋방을 구해서 이사하셨다고 전해왔다.

이제 우리가 적극적으로 나설 차례였다. 매일 찾아가 안부를 묻고, 도시락을 챙겨드리면서 어르신과의 관계가 나날이 깊어져 갔다. 혼자 사시는 분이라 지역 후원자를 통해 세탁기와 냉장고도 구해드렸다.

그런데 얼마 뒤, 어르신이 동사무소를 찾아가서 세탁기와 냉장고를 구해달라고 하셨다며 어떻게 해야 할지 모르겠다는 연락을 받게 되었다. 어르신께 자초지종을 물었지만, 일전에 구해드린 물건을 어떻게 하셨는지 알 방법이 없었다. 그사이 담당 공무원에게 매일 찾아가 세탁기를 구해내라, 냉장고를 사달라고 고함을 지른다고 했다.

'대체 이분에게 무엇을 얼마나 더 해드려야 할까?', '필요한 물건이니 다시 구해 드려야 하나? 아니면 한 번 드렸으니 그다음은 없다고 딱 잘라 거절해야 하나?' 고민이 깊어졌다.

하루는 눈 상태가 이상하다며 안과에 다녀오셨다. 병원에 갔더니 난치성 황반변성이라는 진단을 받았다고 한다. 시력상실을 더디게 하는 치료가 필요한 상황이었다. 하지만 어르신이 원하는 것은 진료 시 동행이나 영양제 요청 같은 것이 아니었다. 선글라스, 컴퓨터 등등 엉뚱한 물품들을 원하셨고, 혹 필요성이 인정되어 구해드린 물건들도 며칠만 지나면 하나씩 둘씩 사라져갔다. 중고상에 내다 파셨는지 물어도 묵묵부답이었다.

게다가 댁으로 방문하는 요양보호사나 자원봉사자를 끊임없이 젊은 여자로 보내 달라고 성화였다. 매일 청소와 집안일, 심부름까지 해달라고 요구하셨다. 이쯤 되자 직원들이나 봉사자들에게서 항의가 쏟아졌다.

며칠 뒤, 어르신이 타 기관에 노인돌봄종합서비스를 신청하셨다는 연락을 받았다. 뒤늦게 사실을 알게 된 우리는 기존에 받던 재가노인지원서비스와 중복으로 이용할 수 없기 때문에 어떤 서비스를 종결하실 건지 상담하기 위해 어르신 댁을 찾아갔다.

몸도 아프고, 혼자 살면서 살림에 대한 도움도 필요하니 돌봄종합도 받고, 재가지원의 도시락도 모두 받아야겠다며, 이렇게 어려운 사람이 도와달라는데 어떻게 하나를 끊겠다고 하느냐며 목청을 높이셨다. 이 길고 긴 소란은 구청에서 시청으로 넘어갔고, 창원시장 비서실에까지 이어지게 되었다.

누군가를 위해 진심 어린 손길을 내밀어야 한다는 것은

진리이다. 하지만 현실에서 원칙을 지켜나가는 것은 녹록지 않은 일이다. 상대의 목소리에 귀를 기울여야 하지만 원칙도 지켜야 한다.

결국 어르신은 돌봄종합서비스를 받기로 하셨고, 그날로 우리의 역할도 끝난 듯 했다. 그런데 얼마 후 어르신이 다시 센터를 찾아오셨다. 처음 만났을 때처럼 어색하고 쭈뼛거리는 모습이었다. 돌봄종합서비스를 이용하시며 수시로 방문지도사를 바꿔달라고 닦달하고 항의하다가 결국 이용을 끝내셨다고 한다.

'예전에 참 고마웠소. 내 그 인사를 못 해서 왔소' 하시며 머뭇머뭇하셨다. 미운 정이 무섭다더니 나도 모르게 '그러지 마시고 저희가 댁에 다시 찾아가면 어떨까요' 하고 말을 건넸더니 금방 얼굴이 환해지신다. 직원들 애먹일 때는 참 밉고 야속했는데, 그리 환하게 웃으시니 가슴 속 응어리가 녹아내리는 느낌이 들었다. 그렇게 다시 찾게 된 어르신 댁은 이제 마음 편히 들를 수 있는 곳이 되었다. 찾아가면 환하게 웃으며 인사하고 반겨주셨다. 어쩐 일인지 예전에 생떼를 부리던 모습은 찾아볼 수 없었다.

몇 개월 뒤, 경기도에 사는 딸네 집으로 가시게 되면서 어르신과의 인연이 끝나게 되었다. 한참 후에 우연히 돌아가셨다는 소식을 듣게 되었고, 이제는 아쉽고 그리운 마음만 남게 되었다.

그리고 그해 겨울, 지난 사진을 정리하다가 편지 한 장이 찍혀있는 사진이 나왔다. 사진 속에는 짧은 글들이 씌여있었다. '찾아갔을 때, 먼저 그렇게 말해서 늙은이 체면을 살려줘서 고맙다. 이 늙은이 사는 것을 매일같이 들여다봐 주어서 정말 고맙다. 도시락이 참 맛있었던 것도 고맙다.' 이사장님께 전한 어르신의 마음을 담은 편지 사진이었다.

지금 돌아보면 우리는 단단하고 메말랐던 어르신의 굳은 마음에 복지라는 씨앗을 뿌린 게 아니었을까 하는 생각이 든다. 당장은 변화가 없지만, 시간이 지나면 싹이 자라고 열매를 맺는 씨앗. 우리 사는 세상살이도 참 그렇지 않은가? 시작이 좋았던 것은 아니지만, 돌이켜보면 또 그립기도 하다. 사람 사는 일이 이렇게 징하고 또 찡한 것이다.

행복한
'생선 할아버지'

조건, 상황, 가진 것과 상관없이

마음이 행복한 사람의 참모습

"우리 동네에 할아버지 한 분이 계시는데 쓰레기더미 속에서 씻지도 못 하고 엉망으로 지내고 계세요. 밥이라도 제대로 드실 수 있게 도와주세요."

동네 이장님의 간곡한 부탁이었다. 어르신의 사정을 설명하시면서 걱정 반, 난감함 반. '이런 사람도 도와줄 수 있지요?' 하고 기대 어린 눈빛을 보내셨다. 그렇게 1999년 6월, 초여름에 어르신을 처음 만나게 되었다. 어르신은 남의 밭 한 귀퉁이에 자리한 작은 오두막에서 지내고 계셨다. 부엌도 화장실도 없고, 살림살이라곤 이불 한 채와 옷가지 몇 벌, 그나마도 쓰레기들과 뒤엉킨 채 방 한구석에 처박혀 있었다.

"어르신, 그동안 식사는 어떻게 하셨어요?"

"그냥 이것저것 해서 먹고 살았지요, 뭐."

별 것 아니라는 듯 웃으시는 어르신과 달리 댁을 찾아간 복지사와 나의 머릿속은 새하얘졌다.

부엌이 없어서 어디서 주워온 전기밥솥에 씻지도 않은 쌀과 생선 대가리 몇 개, 집 마당에서 자란 푸성귀를 한데 넣고 익힌 것이 한 끼 식사라고 하셨다. 밥그릇은 물론 도마나 칼도 없어서 빗물에 흙만 겨우 씻어낸 무를 이로 베어 물어서 전기밥솥에 넣으셨단다. 그래도 한 끼 든든하다고 자랑스레 말씀하신다. 냄비 서너 개가 상 위에 널브러져 있었다. 코를 찌르는 악취에 뚜껑을 열었더니 썩은 생선에서 허여멀건 구더기들이 득실대고 있었다.

"엄마야~!!"

직원이 내동댕이친 냄비에서 구더기가 꾸물거리며 기어나온다. 직원은 기겁하는 데, 어르신은 뭐가 좋은지 '흐흐흐' 웃으신다. 사람 목소리가 여기저기 나니 사람 사는 것 같아 좋다며 웃음을 멈추지 못하신다. 그렇게 첫 만남에서부터 어르신은 우리를 웃기고 울리셨다.

'슬하에 딸 하나가 있지만 죽었는지 살았는지 소식 한 가닥 모르고, 이렇게 혼자 산 지 10년은 되었소. 늙은이가 혼자 이러고 있으니 동네 사람들도 답답했는지 빈집도 내어주고, 밭 한 귀퉁이에 푸성귀라도 키울 수 있게 해주어서 여태 살아왔소' 하고 말씀하시는 목소리가 담담하다.

'누가 쌀이라도 한 줌 주면 그거 받아서 아껴 먹지. 생선은 어시장 가서 한 토막 사면, 머리는 달라는 대로 준다' 며 '폭폭 끓여서 먹으니 배탈은 한 번도 난 적이 없다' 며 빙긋 웃으셨다.

처음부터 수도는 없어서 처마 밑 고무통에 빗물을 받아서 쓰신다고 했다. 화장실 역시 밭에 구덩이를 파서 쓰신다고. 예전에는 다들 그렇게 살았다며 별일 아니라는 듯 손을 휘휘 저으며 말씀하신다. 당연히 빨래는 엄두도 못 내는 일. 옷가지는 먼지와 곰팡이를 뒤집어쓴 채 쌓여있었다. 언제 목욕을 했는지도 기억도 나지 않는다고 하셨다.

어르신을 돌보기 시작하면서 제일 먼저 한 일은 지역 봉사단체와 함께 화장실을 만들어드리는 것이었다. 매일 꾹꾹 눌러 담은 도시락을 배달하고, 물은 생수를 사다

드렸다.

처음 오는 봉사자가 어르신 댁을 방문하고 나면, 어김없이 할 말을 잃은 얼굴로 사무실에 들어선다.

"세상에 아직도 그런 집이 있습니까?"

"예, 있습니다."

감사하게도 도움의 손길이 끊이질 않았다. 주말마다 39사단 장병들과 한국전기연구원 봉사자들이 방문하여 어르신을 모시고 목욕을 다녀왔다. 처음 목욕탕에 모셔갔을 때는 갈아입을 속옷이 없어 장병 하나가 자기 속옷을 벗어서 입혀드리고 왔다며 눈시울을 붉히기도 했다.

혼자 계시는 동안 적적하실까 봐 돌아가며 한 번씩 찾아가는 봉사자마다 번번이 생선 냄비에 화들짝 놀라 비명을 질렀고, 그때마다 어르신은 웃으셨다. 그래서 한국전기연구원 봉사자들은 어르신을 '생선 할아버지' 라고 불렀다. 수도가 없어서 이웃의 도움으로 물을 받아놓고 사용했다. 주말마다 찾아가서 열심히 청소하고 빨래를 해도 사흘을 못 갔다. 어르신은 그래도 좋다고 웃기만 하셨다.

찾아오는 사람들에게 빠짐없이 고맙다고 인사하시던 어르신은 어느 날 큰 결심을 하셨다. 매달 나오는 생계비를 장판 밑에 깔아두시고는, 우리가 찾아왔을 때 '사람이 공짜를 바라면 안 되지. 나를 염치없는 늙은이로 만들지 말아달라' 며 지폐를 내미셨다. 깜짝 놀란 우리는 '이런 돈 아껴서 고기 사드시고, 좋은 음식을 드셔야 해요' 라며 지폐를 다시 어르신 손에 쥐여 드렸다. 이렇게 실랑이를 하며 지폐들이 장판 바닥을 수없이 오갔다.

누가 오든 반기고 웃어주시는 생선 할아버지는 청소년 봉사자에게 지나온 세월을 흥이 나는 이야기로 들려주셨고, 음정, 박자 다 무시한 리코더 연주도 자주 들려주셨다. 이웃들 벌초를 대신해 주고 삯을 받아 무엇을 했노라고 곧잘 이야기도 해주셨다.

그렇게 재미난 어르신으로 이름이 났던 어르신은 배탈 한 번, 감기 한 번 걸리지 않고 건강하셨다. 하지만 2015년 5월, 어버이날 행사를 손꼽아 기다리시던 어느 날, 어르신은 뇌경색으로 쓰러지시고 말았다. 그리고 병원에 입원한 지 일주일 만에 마지막 여행을 떠나셨다.

누구와 비교할 수 없이 열악한 환경에서 지내시던 분이었지만, 한 번도 웃음을 잃으신 적이 없었던 어르신이셨다. 처음엔 잘 몰라서 눈살을 찌푸리며 들어갔던 사람들도 나올 때는 얼굴 가득 웃음을 달고 나오게 만들어주는 분이었다. 조건, 상황, 가진 것과 상관없이 마음이 행복한 사람의 참모습을 우리에게 보여주셨던 어르신. 우리는 그저 어르신의 생활 형편을 도왔을 뿐, 오히려 할아버지에게서 참된 만족에 대해 배웠다. 저 하늘에서도 '흐흐흐' 웃고 계실 생선 할아버지가 오늘따라 더 그립다.

효경 복지 이야기

사랑의 붕어빵

삶으로 배운 '감사'

/

김양희

김양희

효경 복지
이야기

'어르신들의 벗'이 되어

한결같은 마음으로 섬긴다

효경의 첫걸음

소록도 현장 체험센터를 운영하며 재가 어르신들을 돌보기에 여념이 없던 나는 2000년, 한 원로 수녀님의 러브콜을 받았다. 가난하고 외로운 농촌 어르신들을 위해 주간보호센터를 시작해주면 좋겠다는 요청이었다. 그렇게 2001년, 재가노인복지의 불모지였던 대구 달성군 현풍에서 주간보호센터를 열게 되었다. 이듬해 3월에는 지역사회 각 기업과 지역민들로 봉사단을 조직하여 어르신 댁을 직접 찾아가 돌봐드리는 가정방문 봉사활동을 펼쳤다. 이를 계기로 2003년 2월 가정봉사원 파견센터를 열었고, 2004년 뉴스에서 독거노인의 고독사를 보고 독거노인의 예방적 복지를 위해 보건복지부에 제안서를 제출, 2006년 독거노인 복지서비스 원스톱지원센터를 위탁 운영하게 되었다.

그리고 우리가 돌봐드렸던 어르신 중에 요양원에 가셔야 할 상황인데도 가시지 않겠다는 어르신들로 인해 소규모 다기능시설을 마련하여 어르신의 마지막 임종까지 지켜드리게 되었다. 그 후 주간보호사업을 분리하여 현재 효경주간보호센터, 효경노인복지센터, 행복한효경, 효경재가노인지원센터, 향기노인복지센터, 효경기억학교 등 6개 시설을 운영하고 있다.

효경의 첫걸음은 지역적 특성과 어르신의 건강상태, 경제상태 등을 고려하여 인간다운 삶을 유지하고 안정되고 행복한 노후가 되도록 지역사회와 연대하고 협력하며 '효경복지공동체' 를 운영되고 있다.

이웃 사촌!

달성군은 행정구역상 광역시에 속하지만, 노인세대의 삶의 형태는 전형적인 농촌이다. 대구 전체 면적의 반(48.6%)을 차지하는 넓은 지역인데도 재가노인복지시설은 당시 효경뿐이었다. 도심과의 거리가 멀고 교통이 불편하여 자원봉사자 수도 턱없이 부족했다. 이러한 환경적인 어려움을 극복하기 위해 생각해낸 것이 '농촌형 복지마을모델' 이었다. 주민들이 주체가 되어 거동이 불편한 어르신을 돕는 등 마을 내의 복지 문제를 서로 해결하는 형태로서, 사회복지공동모금회와 삼성복지재단 등 각 기업복지재단에 수시로 냈던 제안서가 선정되어 다양한 사업을 펼칠 수 있었다.

시범 마을 중 8곳 일부는 전통적인 집성촌이고, 집성촌이 아닌 마을도 20년 넘게 살아오신 어르신들이 대부분이었다. 공동체의 유대 의식을 바탕으로 같은 마을에서 함께 살아온 어르신들을 돌보는 '이웃사촌 실버봉사단' 은 수시방문과 일상생활 서비스 제공이 어려운 기관 중심의 가정봉사원 파견의 한계를 보완해주었다.

2004년 독거노인의 사체가 방치된 지 한 달이나 지났다는 '독거노인 고독사' 에 대한 기사를 접했을 때는 엄청난 충격을 받았다. 이 문제에 관심이 있는 전문가들과 연구와 열띤 토론을 벌여 2005년 '독거노인 복지 원스톱지원시스템 구축방안' 제안서를 작성하여. 보건복지부에 보낸

결과 2006년 3월에 선정되어 '달성군 독거노인 복지서비스 원스톱 지원센터' 의 문을 열게 되었다.

생활관리사 30명이 4천 명이 넘는 독거어르신 댁을 직접 방문하여 전수 조사를 했고, 달성군의 광범위한 지리 적 특성에 맞게 권역별로 마을마다 1:1 수호천사 봉사단과 실버봉사단을 조직했다. 거기다 '농촌형 노노케어(이웃사촌 나눔 품앗이)를 통한 복지마을 만들기' 로 사회복지공동모금회 공모사업에 선정되어 수년간 독거노인 안전지킴이 사업에 박차를 가할 수 있었다.

효경복지공동체의 마음가짐

효경은 '홀로 사는 어르신 경로 효잔치', '효경 사랑과 감사의 밤', '사랑 나눔 자선행사' 등 지역주민이 참여하는 각종 행사를 통해 공동체 의식을 강화하고 나눔 문화를 확산시켜 효 실천의 장을 마련하고 '함께 행복해지는' 지역 복지공동체로의 발전을 최선을 다하고 있다.

가능한 한 어르신이 살던 정든 곳에서 이웃 친지들과 함께 살아갈 수 있도록 '효경주간보호센터' 와 '효경기억학교', '효경노인복지센터' 등을 만들었고, 시설 환경 역시 천연

목화 벽지와 원목 등 친환경 소재로 시공하여 면역력이 약한 어르신들의 건강을 위해 배려하였다. 매일 아침 요양원과 주간보호 어르신들께 문안 인사를 드리며 한 분 한 분의 성함을 불러드리고 박수로 환영해드린다. 또한 드시고 싶은 음식이나, 가시고 싶은 곳 등을 수시로 여쭤보고(걸언, 乞言) 가능한 한 개별 어르신에게 잘 맞추어 드리려고 한다.

이렇게 직원들이 쉴 틈 없이 움직이고 애쓰다 보면 몸과 마음이 쉽게 지칠 수 있다. 그래서 직원들에게 요가, 볼링, 탁구, 등산 등을 권장(지원)하며, 월 간담회를 통해 애로사항을 경청하고 개선한다. 그뿐만 아니라 워크숍이나 세미나, 모범직원 포상 및 국내외 연수 등을 통해 역량 강화와 힐링이 될 수 있도록 직원 복리후생에 적극적으로 힘쓴다.

효경복지공동체는 '어르신들의 벗' 으로서 한결같은 마음으로 지역 내 보살핌이 필요한 분들을 찾아 섬기고, 지역사회와 함께 예방적 복지에 주력하며 모두가 행복한 지역복지공동체를 이루기 위해 끊임없이 매진하고 있다.

사랑의 붕어빵

사랑의 붕어빵이 지어준

따뜻한 우리집

'따르릉~~'

이른 아침, 포항의 한 수녀원에서 전화가 걸려왔다. 쓸 만한 탁자와 의자가 있는데, 혹시 필요하면 나누고 싶다는 내용이었다. 당시 효경주간보호센터는 인력도, 재정도, 물품도 턱없이 부족한 상황이었다. 두말할 것 없이 스타렉스를 끌고 한 시간 반 거리에 있는 포항으로 달려갔다.

수녀원 진입로에 들어서는 데 웬 포장마차가 세워져 있는 것이 보였다. 의아한 생각이 들어 후원 물품을 실어 놓고 수녀님께 포장마차에 관해 물어보았다. 수녀님은 장애인

경사로 보수 공사비를 마련하기 위해 자원봉사자들이 운영하는 포장마차라고 설명해주셨다. 그 순간 나는 무릎을 탁 치며 '아, 이거다! 붕어빵 포장마차를 열자' 라는 아이디어가 떠올랐다.

당시 나는 지역에 홀로 사는 어르신들을 어떻게 도와야 하나 머리를 싸매고 궁리를 하던 중이었다. 달성군은 넓은 면적인데도 재가노인복지시설이라고는 우리 센터가 유일했기 때문에 돌봐야 할 어르신은 너무 많고, 센터에 받아들일 수 있는 인원은 한계가 있었다. 그러던 중에 이런 아이디어를 얻게 되어 너무 기뻤다.

시설에 도착하자마자 직원들과 의논하였다. 모두 솔깃해하긴 했지만, 포장마차를 누가, 어떻게 운영할 것인지에 대해서는 좀 더 구체적으로 생각해봐야 할 것 같다는 의견이 대부분이었다.

그날 오후, 우리 시설의 봉사자 한 분이 고령 근처에서 물건을 실어 와야 할 일이 생겨 국장과 함께 차를 타고 가던 중에, 연세가 있어 보이는 아주머니 두 분이 도로에 서 계셔서 차를 태워드렸다고 한다. 차를 타고 가면서 붕어빵 기계를 어디서 살 것인지 등 붕어빵 행사에 대해 이런저런 이야기를 나누고 있는데, 뒤에 타신 아주머니께서 '붕어빵 틀이 필요하면 우리 집에 가 보입시더. 우리 아들 실직했을 때 붕어빵 장사한다꼬 사줬는데 얼마 안 쓰고 취업해서 지금 창고에 있을 끼라예' 하셔서 곧장 그 집으로 달려갔다고 한다. 녹은 좀 슬었지만 정말 붕어빵 기계가 있었고, 국장은 기뻐서 나한테 전화로 보고를 했다. 그렇게 거짓말처럼 쉽게 붕어빵 기계를 구하게 되었고, 너나 할 것 없이 고무장갑을 끼고 세제를 풀어 녹슨 붕어빵 기계와 포장마차를 수세미로 박박 문질러댔다. 기쁘고 설레는 마음에 힘든 줄도 모르고 콧노래까지 흥얼거리며 녹을 벗기고, 말끔하게 씻어 기름칠까지 마쳤다.

다음 날, 붕어빵을 굽기 위한 준비 작업에 들어갔다. 포장마차 운영을 실습하기 위해 성당 앞에서 붕어빵 장사를 하는 아주머니를 찾아갔다. 좋은 일에 쓰려고 한다며 우리 상황을 설명해 드리고 붕어빵 만 원어치를 시켜놓고 아주머니께 열심히 붕어빵 굽는 기술을 전수받았다. 붕어빵 포장마차 영업 첫날, 설렘 반, 걱정 반으로 미리 물색해둔 장소로 포장마차를 끌고 가서 첫판을 구웠다. 그런데 이게 웬일? 붕어빵 굽기가 생각처럼 되지 않았다. 불조절과

반죽 양 조절이 잘 안된 탓인지 물렁거리는 느낌이 들었다. 한입 먹어보니 속이 채 익지도 않았다. 하지만 포기하지 않고 첫판의 실패를 딛고 새로운 마음으로 정성껏 붕어빵을 구워봤다. 둘째 판엔 전보다 더 고소하고 바삭거리는 맛을 살려낸 것 같아 그렇게 뿌듯할 수가 없었다. 세 번째, 네 번째 판으로 이어질수록 더 바삭해지고 맛있어서 점점 자신감이 붙기 시작했다. 연습 삼아 굽고 또 굽고, 여러 번 반복해서 구운 붕어빵을 직원들과 동네 분들에게 맛보기로 나누었다.

어느 정도 굽는 기술이 손에 익자 '홀로 사는 어르신들을 위한 사랑의 붕어빵' 이라는 현수막까지 걸고 본격적으로 판매를 시작했다. 붕어빵틀에 준비된 반죽을 조심스레 붓고 기도하는 마음으로 빵틀을 돌리며 정성을 다해 뒤집기를 반복하자 노릇노릇하고 바싹하게 잘 구워진 붕어빵들이 나왔다. 따끈따끈한 붕어빵을 가지런히 놓기가 무섭게 지나가던 주민들이 사가셨다. 점점 입소문이 나자 경로당, 마을회관에서도 사러 오고 배달 요청까지 들어오는 등 붕어빵은 불티나게 팔렸다. 사랑의 모금함에 천 원짜리, 만 원짜리 지폐가 속속 들어차는 게 보이자 힘든 줄도 모르고 부지런히 사랑의 붕어빵을 구웠다.

오전에는 센터 일을 보고 점심을 먹자마자 붕어빵 포장마차로 나온다. 효경 주방장이 맛나게 만들어 준 어묵과 떡볶이도 벌여놓고 저녁 늦게까지 쉴 새 없이 붕어빵을 굽다 보니 화장실 가는 것도 잊을 정도였다. 처음에는 적응하느라 몇 번이나 코피를 쏟고, 겨울에는 털신을 신어도 발이 얼어서 스티로폼 박스를 신고 빵을 굽기도 했다.

어느 비가 오던 주말 저녁, 붕어빵은 잔뜩 구워 놓았는데, 비바람이 몰아치자 아무도 사러 오지 않았고 거리를 지나는 사람조차 없었다. 그날따라 직원들과 봉사자들도 모두 일이 있어 혼자 포장마차를 지키고 있었다. 갑자기 세찬 비바람에 포장마차 천막이 기울어지면서 작은 전깃불이 꺼져버렸다. 순간 당황해서 허둥거리며 천막을 세워보려 했지만 혼자서는 역부족이었다. 몇 군데 전화를 걸어봤지만, 연결이 되지 않았다. 어쩔 줄 몰라 발을 동동 구르고 있는데, 아저씨 한 분이 지나가다가 안타까웠는지 친절하게 도와주셨다. 간신히 포장마차를 정리해놓고 붕어빵을 세어보니 딱 80개였다.

그 순간 홀로 사시는 재가어르신들과 동네 어르신들이

떠올랐다. 붕어빵을 몇 개씩 봉투에 담아 근처에 사시는 어르신 댁을 찾아다니며 돌리기 시작했다. 어르신들을 깜짝 놀라면서도 반겨주셨다. 붕어빵을 다 돌리고 나니 저녁 8시가 넘어 배가 고팠다. 빵 굽는 냄새에 질릴 만도 한데, 붕어빵으로 허기를 면할 수 있었다.

여름에는 얼음 식혜와 양념 닭똥집 구이도 팔고, 수녀원에서 생산한 무공해 메주 재료와 각종 장(된장, 쌈장, 간장, 고추장)도 원가로 떼어다 팔아서 수익금을 내기도 했다.

매주 금요일 간식 시간에는 주간보호 어르신들에게 붕어빵과 어묵, 떡볶이를 마음껏 대접하기도 했다. 어르신들은 맛있게 드시고 고맙다고 하시면서도 원장이 이렇게 고생을 해서 어쩌느냐고 어깨를 토닥여주시기도 했다. 몸은 피곤했지만, 신이 나서 붕어빵을 구웠다. 몇 달이 지나자 자원봉사자 신청과 후원 신청이 이어지기 시작했다. 그간의 고생이 눈 녹는 사라지는 기분이었다. 그때부터 지금까지 십 년이 넘게 효경과 인연을 맺고 봉사하고 후원해주시는 분들이 있어서 더없이 행복하다.

하루 매출 십여 만 원 안팎, 재료비를 제하고 나면 7~8만 원 정도의 수익이 생겼고, 사랑의 모금함에는 평균

3~5만 원 정도가 모였다. 그렇게 2004년 10월부터 2006년 2월까지 만 2년 동안 열심히 사랑의 붕어빵을 구운 결과 지역사회의 자원봉사자와 후원자 100명을 발굴하게 되었고, 주간보호 어르신들 간식비와 부식비에도 보탬이 되었다. 또한 주간보호센터의 거실과 프로그램실이 비가 새고 낡아서 개조공사를 할 수 있는 2년짜리 정기적금도 넣을 수 있게 되었다.

2005년에는 보건복지부에서 소규모다기능시설 신축공모사업을 진행한다기에 신청서와 사업계획서를 제출했다. 그리고 2006년 3월, 기쁘게도 신축공모사업에 선정되었다. 처음에는 국고 지원금 3억8천만 원으로 105평 건물을 짓도록 계획했지만 우리가 붕어빵을 구워 마련한 1억6천만 원을 더해서 154평 건물을 짓는 것으로 사업계획서를 수정하였다. 그랬더니 보건복지부 담당자에게서 '자부담 1억6천만 원이 맞느냐' 고 연락이 왔다. 다른 법인에 비해 자부담 비율이 높아서 혹시 착오가 아닌지 확인 차 연락을 했다고 한다.

집 지을 생각에 가슴이 뛰어서 며칠을 뜬 눈으로 지새우며 나름의 설계 초안을 그려보았다. 공개 입찰 후 시공사

관계자에게는 '이 건물은 외롭고 허약한 어르신들이 살게 될 건물이고, 사랑의 붕어빵으로 도움을 주신 분들과 수고해주신 분들 덕분이니 부디 잘 지어주세요.'라고 여러 번 당부했다.

이후 사랑의 붕어빵 포장마차는 자금이 필요한 또 다른 이에게 전달되었다. 직원이 알고 지내던 한 학생이 포장마차로 학비와 생활비를 마련하려 한다는 소식을 듣고 기쁜 마음으로 선물해주었다.

붕어빵 포장마차는 만 2년 동안 붕어빵을 맛있게 먹어주신 마음 따뜻한 지역주민들과, 열정만 넘치는 원장 때문에 물심양면으로 애써온 직원들과 봉사자들이 있었기에 가능했던 일이다. 우리의 붕어빵 포장마차는 시작부터 끝까지 사랑에서 사랑으로 이어졌다. 함께 해주신 모든 분들에게 다시 한 번 큰 감사를 드린다.

삶으로 배운
'감사'

행복 바이러스가 전파된 듯

서로 배려하는 아름다운 공동체

20대 초반에 복지의 길로 접어들어 돌봄이 필요한 '어르신들의 벗'이 되고 싶어 복지와 결혼한 지 벌써 34년째이다. 어르신들과 함께한 시간만큼 내 삶도 영글어갔다. 녹록치 않았던 지난 시간과 사건들 속에서 수많은 사람들, 사연들을 만났다. 그 시간 속에서 가장 먼저 떠오르는 K 어르신에 대한 이야기를 나누고 싶다.

2001년 주간보호센터를 시작한 지 1년도 채 되지 않았을 때였다. 우리 센터를 이용하시는 한 어르신의 아드님이 이웃에 사는 어르신에 대한 안타까운 사연을 들려주었다. 마침 그 댁 근처에 봉사자가 살고 있어서 좀 더 자세한 사정을 알게 되었는데, 참으로 딱한 상황이었다.

K 어르신은 꽃다운 열여섯에 양가 부모님들의 중매로 이웃 마을 총각과 결혼을 했다. 4남매를 잘 키워냈고, 부지런하고 알뜰살뜰하다고 이웃 사람들에게 칭찬이 자자했다고 한다. 하지만 남편은 젊은 시절부터 바람을 피우며 자신의 쾌락을 위해 흥청망청 살다가 지금은 몸이 약해지고 허리도 다쳐 거동이 불편한 상태였다. 자녀들은 모두 멀리 살고 있고, 부모님의 생활에 큰 관심이 없어서 어르신은 끼니를 잇기도 힘든 상태라고 했다.

나는 그날로 사회복지사와 함께 어르신 댁을 방문하였다. 구불구불하고 좁은 골목길을 지나 허름한 나무대문 앞에 도착해서 문을 두드리며 큰 소리로 어르신을 불렀다. 아무런 대답이 없어 가만히 대문을 밀자 삐그덕 소리를 내며 문이 열린다. 안에 들어서면서 '계세요?, 아무도 안 계세요?' 하고 몇 번이나 어르신을 불렀지만 여전히 대답이 없었다. 문간 옆을 보니 작은 방문 앞에 검은색 고무신 한 켤레가 눈에 띄었다. 가서 방문을 열어보니 허옇고

덥수룩한 머리를 한 어르신이 쭈그리고 앉아서 비쩍 마른 손으로 방바닥을 쓸어 무언가를 모으고 계셨다. 얼핏 봐도 영양 상태나 위생 상태가 심각해 보였다. 가까이 가서 보니 어르신이 짚이 섞인 황토벽에서 떨어지는 흙 부스러기를 쓸어 모아서 입에 넣고 계셨다. 깜짝 놀라 어르신을 부르며 방으로 뛰어 들어가 손을 잡았다. 배가 고파서인지, 치매 때문인지는 알 수 없지만 얼굴을 마주하는 순간 K 어르신의 눈이 잘 보이지 않는다는 것을 알았다.

우선 챙겨갔던 보온병에서 물을 한 컵 따라 드리자 한 방울도 남김없이 다 드셨다. 일어설 기력도 없으신지 엉거주춤 쭈그린 자세로 다시 방바닥을 더듬다가 방 저쪽을 멍하게 응시하고 계셨다. 간단한 대화만 겨우 가능할 정도로 의사소통도 원활하지 않았다. 이웃 아주머니와 봉사자와 의논한 끝에 어르신을 우리 센터로 모셔왔다.

어르신이 불안해하지 않도록 간단한 음료를 드시게 하고 차근차근 설명을 해드렸다. 얼마 만에 하는 목욕인지 희고 가느다란 머리카락이 서로 엉켜 있어서 따뜻한 물로 샴푸를 서너 차례나 감기고 린스도 해드렸지만 쉽게 풀리지 않았다. 급한 대로 대충 가위질을 해서 엉킨 머리카락을 손질해드렸다. 혹시 너무 지치실까봐 서둘러 물기를 닦고 새 옷을 입혀드렸다. 목욕으로 기분이 좋아지셨는지 편안해 하시는 얼굴이 너무 사랑스러워 천사처럼 보였다. 부드러운 죽과 과일주스를 준비해드리자 허겁지겁 맛있게 잘 드셨다. 숨죽이며 그 모습을 지켜보던 다른 어르신들과 직원들, 봉사자들 모두 안타까운 마음에 눈시울이 붉어졌다. 한참을 드시더니 배가 부르신지 뒤로 물러나 앉으시며 '고마워요' 라고 인사를 건네셨다. 우리는 마치 약속이라도 한 듯 자기도 모르게 일제히 박수를 쳤다.

잠시 쉬시도록 이부자리에 눕혀드리자 바로 잠이 드셨다. 한 시간 정도가 지나자 어르신이 슬며시 일어나 쭈그려 앉으시더니 그대로 소변을 보시려는지 주섬주섬 바지를 내리셨다. 한 봉사자가 황급히 달려가 대야를 엉덩이 밑에 넣어드리자 아무렇지도 않은 듯 시원하게 소변을 보셨다. 오늘 하루만이라도 편하게 지내시도록 최대한 배려하면서 잘 지켜보기로 했다. 시간이 좀 지나자 낯선 공간을 느껴보려는 듯 완전히 일어서지는 못 하고 엉거주춤한 자세로 손으로 방안을 더듬거리면서 다니셨다.

간식 때가 되어 어르신들과 직원들이 함께 둘러앉아 자기

소개도 하면서 정식으로 인사를 나누었다. 하지만 자신의 이름은 잊어버리셨고, 택호(○○댁)만 기억하고 계셨다.

어르신을 주간보호프로그램에 참여하시게 했더니 이따금 관심을 기울이시는 모습이었다. 눈이 잘 보이지 않고, 말수가 워낙 적으셔서 조용하게 지내셨다. 주간보호프로그램을 다 마치고 어르신을 댁으로 모셔다드려야 하는 데, 이만저만 걱정이 되는 게 아니었다. 주말에는 혼자서 어떻게 지내실지…….

주말에 중요한 일정이 있어 어쩔 수 없이 이웃 아주머니께 주말만이라도 관심을 가져주시라 당부를 드리고 도시락을 맡겨놓고 돌아왔다. 월요일 아침이 밝자마자 어르신을 모시러 갔다. 예상대로 다시 엉망이 된 어르신 모습에 말문이 턱 막혔다. 어르신의 배고픔과 외로움이 손에 잡힐 듯 눈에 보였다. 인사를 드리고 봉고차에 태워 센터로 왔는데, 첫날과는 달리 안절부절못하는 모습이었다. 표정을 보니 대변이 마려우신 듯해서 변기에 앉혀드렸다. 하지만 더 불안한 표정으로 앉았다 일어서기를 반복하시더니 살려달라고 소리를 지르셨다. 관장약을 먹인 후, 다시 화장실로 모시고 가서 관장을 시도했다. 괄약근 주위가

빨갛게 부어 있어 대변이 볼 수 없는 상태였다. 너무나 고통스러워하셨다. 황급하게 119에 전화를 걸었더니 구급차가 다른 지역으로 출동을 가서 바로 올 수 없는 상황이라고 했다. 하는 수 없이 미지근한 물을 많이 마시게 하고, 기도하는 심정으로 장 마사지를 계속 하자 결국 관장에 성공했다. 실로 엄청난 양이었다. 그러자 괴로워하던 어르신의 얼굴이 편안해졌다. 짧은 순간이었지만 굉장한 경험이었다.

어르신에 대해 사례관리를 시작했다. 첫 회의 때, 어르신의 욕구와 해결해야 할 문제를 의논하던 중, 손바닥에 난 상처도 심각한 상태라는 것을 알게 되었다. 오랜 시간 영양이 제대로 공급되지 않았고, 방바닥이나 벽을 더듬어서 떨어지는 먼지나 흙을 손바닥으로 쓸어서 혀로 핥아 드셨기 때문에 손바닥과 손가락 이곳저곳이 짓물러 있었다. 소독을 하고 치료해서 붕대를 감아드렸지만 답답해서인지 붕대를 물어뜯어 풀어버리곤 했다. 다시 치료한 뒤, 이번에는 붕대 위에 수술용 글러브를 끼워서 한 번 더 감싸드렸다. 그러자 이번에는 글러브를 낀 채 방바닥을 쓸어 또 입에 넣으셨다. 나와 직원들이 번갈아 가며 어르신 손을 잡고 간단한 놀이를 하고, 간식을 자주 입에 넣어드리면서 1:1 맞춤형 프로그램을 지속해서 해드리자 상처가 조금씩 아물기 시작했다. 어르신의 외로움과 아픈 가슴도 함께 치유되기를 기도했다.

이렇게 우리는 최선을 다해 어르신을 보살폈다. 얼마쯤 지나자 어르신도 많이 안정되었고, 생각보다 잘 적응하셨다. 동료 어르신들과 직원들, 봉사자들과도 점점 더 정이 깊어졌다. 진정한 사랑과 정성 어린 보살핌을 받으며 마음의 평안을 되찾으셨다. 어르신의 표정만 봐도 얼마나 행복해하시는지 충분히 느낄 수 있었다. 평소에는 말씀이 거의 없으시지만 식사 때나 간식 때, 목욕 후에 항상 뭔가 설명해드리면 웃으면서 '네, 고맙습니다' 라는 인사를 빠뜨리지 않으셨다.

어르신 덕분에 다른 어르신들도 서로 감사 인사를 나누는 분위기가 생겼고, 직원들과 봉사자들에게도 행복 바이러스가 전파된 듯 서로 배려하는 아름다운 공동체로 성장해 갔다.

그렇게 어르신은 가족처럼, 아니 가족 이상으로 정다운 나날을 보내다가 치매와 만성질환이 악화하여 인근 병원에 입원하게 되었다. 그리고 몇 해 전 천국으로 가시게 되었다. 이제는 하늘에서 편안한 모습으로 '고맙습니다' 라는 인사를 건네고 계실 것이다. 오늘따라 어르신의 모습이 더욱 또렷하게 떠오른다. 말이 아닌 삶으로 '감사' 를 가르쳐 주신 어르신. 제 복지 인생에 크고 깊은 가르침을 주셔서 감사합니다. 그리고 사랑합니다.

엄마의 엄마

공주 할머니

친애하는 보호자님께

/

김지영

김지영

엄마의
엄마

내 부모 챙기는 것도 어려운데, 하물며 가슴 속에
응어리와 분노가 가득 쌓인 어르신들 돌보는 일은 오죽할까요.

제 이름은 김지영. 1955년 음력 8월 15일, 온 집안이 추석음식 준비로 바쁠 때 눈치 없이 태어났습니다. 첫째가 딸이라 아들을 기다리셨을 텐데 그야말로 물색없이 또 딸이 태어난 것입니다. 하지만 기질이 예민했던 언니와는 달리 다행히 순둥이여서, 눕혀놓으면 온종일 울지도 않았다니, 둔한 것인지 순한 것인지. 어쨌든 그 덕에 뒤통수는 절벽처럼 납작해지고 말았습니다. 다행히 막둥이로 웬만한 배우보다 잘생긴(엄마 눈의 콩깍지) 남동생이 태어나 엄마도 한시름 놓으셨겠지요.

저는 별 탈 없이 자라서 대학원까지 가고 유학도 갔지만, 박사는 못 하고 남편만 박사를 만들었습니다. 마음씨가 고운 천사표도 아니고 사회복지 전공자도 아닌데 팔자였는지, 시댁에서 1993년 사회복지법인을 만들게 되어 노인복지에 발을 담그게 되었고, 오늘까지 25년을 일 하고 있습니다. 74세가 될 때까지는 이 일을 계속 할 생각입니다. 그 뒤로는 딱 10년만 글을 쓰고 강의하러 다니는 삶을 꿈꾸고 있습니다. 누가 불러줄 때까지 쭉 밀고 나갈 생각입니다. 이번 「제 손이 따뜻한가요」는 그 첫걸음입니다. '인디언이 기우제를 지내면 꼭 비가 온다' 는 말처럼 기우제 지내듯 될 때까지 글을 쓸 생각입니다.

7년 전, 심근경색으로 쓰러져서 병원에 입원해 작은 시술을 받은 적이 있습니다. 심장으로부터 나와서 온몸에 혈액을 공급하는 혈관 중 제일 굵은 혈관이 들러붙어 막혀 있었고 이를 뚫어서 피가 원활히 흐르도록 하는 시술이었습니다.

정확히는 모르겠지만 아주 작은 스프링처럼 생긴 스탠트라는 것을 넓적다리 동맥을 절개해서 심장 부위까지 집어넣어 붙어 있던 지점의 혈관을 강제로 열려 있게 하는 시술이었지요. 이후 매일 아침 이를 유지하기 위한 네 개의 알약을 먹고 있습니다. 수술실로 들어가면서 생각했습니다. '아, 노인이 되지 못할 수도 있겠구나, 그래서 노인이 되는 것을 '축복' 이라고 하는구나!' 하는 깨달음이 날카롭게 머릿속을 파고들었습니다. 다행히 무사히 퇴원하게 되었고, 우리 기관 어르신들과 여든 중반의 친정엄마와 티격태격하는 일상으로 돌아오게 되었지요. 하지만 재가노인복지에만 온 힘을 쏟던 지난 시간을 되돌아보는 계기가 되었습니다. 「제 손이 따뜻한가요」를 기획하면서 그때를 다시 떠올리며 이 글을 씁니다.

저의 하루는 85세 친정엄마와의 통화로 시작됩니다. 혼자 사시는 엄마의 지난밤 꿈자리는 어땠는지, 식사는 잘 드셨는지, 무슨 드라마를 보셨는지, 병원을 잘 다녀오셨는지 등으로 출근길 30분을 가득 채웁니다. 10년 전쯤에 시작한 출근길 통화는 출장지에서도 계속하려고 노력했고, 엄마와의 대화를 통해 작은 변화까지 금방 느낄 수 있게 되어 '늙어감' 에 대해 머리로도 가슴으로도 이해할 수 있게 되었습니다. 일부러 공휴일이나 주말에는 전화하지 않다가 월요일이 되면 "엄마, 오늘 무슨 요일이야? 며칠이지?" 하고 물어보기도 합니다. 엄마도 저와 이야기하려고 마치 숙제처럼 이야깃거리를 준비하십니다. 명색이 노인복지 하는 사람인데 내 어머니가 어떻게 지내는지 몰라서는 안 되겠지요. 또 제게 중요한 일이기도 하고, 전화를 통해서라도 세심히 관찰하면 제 일에도 큰 도움이 됩니다.

요즘 저희 엄마와 저의 최대 골칫거리는 엄마의 '변비'입니다. 노인이 되면 하루에 한 번 변을 보지 않아도 정상이라고 누차 말씀을 드려도 제 말은 귓등으로도 안 들으십니다. 되풀이해서 당신의 변비를 하소연하십니다. 돌이켜보니 1984년, 제가 엄마가 된 후, 처음 한두 해는 저도 아이의 배변 활동에 관심을 쏟고 있었던 것이 생각났습니다. 아기의 똥이 묽거나 설사가 하루 이틀 계속되면 호들갑을 떨곤 했으니까요. 그런데 엄마의 변비를 대하는 자세는 그때와 매우 다릅니다. '또 똥 이야기야?' 하면서 99%는 짜증이고, 연민은 1%밖에 되지 않는 것 같습니다.

직원 40명에게 월급을 주어야 하는 날 아침, 보조금이 입금되지 않았다는 보고에 머리가 복잡한데, 엄마는 원활하지 못한 자신의 배변 활동에 대해 이야기하고, 또 하고. 10분을 반복합니다. 엄마의 이야기를 요약하면 첫째, 입맛이 없어 통 먹지를 못했다. 둘째, 고혈압, 당뇨, 심장약, 변비약, 영양제를 한 주먹 챙겨 먹었다. 셋째, 당신은 하루에 한 번은 꼭 화장실 거사를 치러야 정상인 체질이라는 것입니다. 그러면 저는 속으로 구시렁대기 시작합니다. '첫째, 아무것도 안 먹었는데 뭔가가 배설된다면 의사에게 진찰을 받아야 하는 병이 있는 거고, 둘째, 변비약을 먹었어도 영양제나 고혈압약만으로 변을 만들어낼 수는 없고, 셋째, 하루에 한 번 변이 안 나온다고 비정상은 아니지만 엄마는 생각을 바꿀 마음이 전혀 없으니 그저 영혼 없는 반응을 계속할 수밖에…….' 이렇게 짜증을 내면서도 엄마와의 아침 통화를 포기하지 않는 것은 엄마에게 열심히 이야깃거리를 찾게 하고, 저와 통화하다 분해서 씩씩대면서라도 아침을 드시게 하려는 제 나름의 눈물겨운 효심입니다. 노인복지를 삼십 년 했다는 딸도 자신의 엄마 변비 하나도 명쾌히 해결책을 제시하지 못하는 제 부족함이 안타깝기만 합니다.

엄마의 변비에 대한 제 처방은 힘드셔도 어쨌든 햇빛이

있으면 무조건 나가서 조금이라도 걸으시라는 것과 엄마 좋아하시는 빵과 콜라를 줄이시고 밥과 나물 신선한 채소를 억지로라도 드시라는 잔소리뿐 입니다. 하지만 언니가 열심히 해다 드리는 반찬들도 반 이상이 냉장고에 있다가 썩어 버리는 독거 노인에게 필요한 것은 멀리 떨어져 잔소리만 하는 자칭 노인복지전문가 딸이 아닙니다. 매일 방문해서 냉장고에서 반찬을 꺼내 식탁에 올려놓을 손, 드시는 것을 지켜보는 눈, 함께 의지해 산책할 수 있는 다리입니다. 엄마의 표현대로 라면

'내가 필요한건 딸이 아니라 엄마야'

엄마 같은 돌보미 엄마가 필요해…….

내 부모 챙기는 것도 어려운데, 하물며 가슴 속에 응어리와 분노가 가득 쌓인 어르신들 돌보는 일은 오죽할까요. 우리 요양보호사가 방문하면 문을 열자마자 빗자루를 휘두르시는 할머니, 젊은 요양보호사를 보내라고 화를 내시는 할아버지. 이런 분들을 오늘도 만나러 갑니다.

「제 손이 따뜻한가요」를 함께 만든 이들은 모두 돌봄 현장의 어벤져스들입니다. 비록 글솜씨가 서툴러서 우리의 열

정과 진정성을 온전히 보여줄 순 없다 해도 우리는 또 시도할 작정입니다. 아마 다음 책에는 어르신들을 돌보면서 겪은 눈물 쏙 빼는 가슴 저린 이야기, 오줌을 지릴 정도로 배꼽 빠지는 이야기들도 나올 거라 기대합니다. 계속 지켜봐 주시고 격려해주세요.

공주 할머니

제각기 살아온 모습들에 따라 다르게 채워지는 공간을 통해 곱게 늙는 것에 대해 다시금 생각하는 계기가 되었다.

첫 눈, 첫 만남, 첫 선생님…

처음이라는 단어가 주는 설렘은 아무것도 없던 곳에 첫 걸음을 내디뎌 발자국을 남겨 얻는 성취감보다 더 복잡하고 미묘한 감정을 담고 있다.

얼마나 굽이졌는지, 얼마나 먼지 가늠조차 하지 못 하고 시작한 어르신 돌봄이라는 이 긴 여정에서 만난 모든 어르신이 나를 가르치고 깨우치게 한 선생님이지만, 이제는 한참을 돌이켜야 기억할 수 있는 그 시작점에 고운 미소로 설렘보다 진한 여운으로 남은 나의 첫 선생님은 공주 할머니이다.

1995년 추석 하루 전날이었다. 내가 공주 할머니를 처음 만난 것은. 밥 굶는 어르신들을 위해 식사 지원을 해 주었으면 좋겠다는 시어른들의 뜻을 받들어 사회복지법인을 만들고 지원 사업을 시작하여 조금씩 사업을 펼쳐나가던 날이었다.

'옛날 옛날 먼 옛날에~' 로 시작하는 동화 속 조그마한 나라의 공주님 같았던 할머니는 150cm가 겨우 될 것 같은 아담한 체구였다. 아흔의 연세에도 조용조용한 목소리로 늘 따뜻하게 나를 맞아 주셨다. 맑은 할머니의 피부도 별나라 공주 같긴 했지만, 할머니의 실제 성함이 '공' 씨 성에 '주' 라는 외자 함자인지라 더욱 그런 인상으로 남아 있는 듯하다. 공주 할머니는 기초 생활 수급자였는데, 당시에는 생활보호대상자라는 명칭을 사용하였다. 국가에서 매월 일정 금액을 지원받아 강남의 7평짜리 영구임대 아파트에서 혼자 생활하고 계셨다.

때마침 추석을 맞이하여 집에서 직접 만든 한과를 고등

학교 선배님께서 가져다주셨기에 혼자 생활하시는 어르신들께 전달해 드리고자 영구임대 단지를 처음으로 방문하게 되었다. 집 앞이지만 한 번도 그 안으로 들어가 본 적이 없는 영구 임대 단지였다. 명절이 막 시작하는 시점이라 자원봉사자를 찾기도 힘들었기 때문에, 단지 내 복지관에서 받은 독거 어르신 명단을 들고 남편과 함께 단지 안으로 들어섰다. 생활보호대상자를 위한 영구 임대 단지는 장애인과 독거 어르신들이 거주하는 공간으로 4차선 길 하나 건너에 있는 일반 아파트와 외견상으로는 그저 비슷한 콘크리트 15층 건물이었다. 저녁이 되어 집집이 불이라도 켜지면 그 차이를 더욱 알 수 없었다.

그러나 실로 그 차이는 훨씬 크고 충격적이었다. 명단에 있는 30가구에는 공통된 점이 있었는데, 집 크기를 막론하고 입구부터 잔뜩 쟁여져 있는 짐 때문에 사람이 들고 나기도 힘들었다. 또한 복도식 아파트인지라 집 앞과 복도에 어김없이 많은 짐이 나와 있었다. 크고 작은 화분에서부터 아이들 자전거, 심지어 옷장에 이르기까지 많은 물건이 쌓여있었다. 짐으로 인해 좁아진 입구 탓에 몸을 틀어 안으로 들어가면 숨 막힐 듯 켜켜이 쌓여있는 온갖 물건들이 아우성치며 뿜어내는 이런저런 냄새들이 그나마 남아 있었을지도 모를 공간의 공기를 더욱더 무겁고 탁하게 만들었다. 집이 좁다 보니 필요한 물건은 많은데 수납공간이 모자라 그렇겠거니 알아가면서, 한 집 한 집 추석 인사를 전하러 다녔다.

'…계세요?'

'할머니 계신가요? 영산에서 들렀습니다.'

인사 소리를 듣고서야 할머니께서 문을 열어 주셨다. 단지 내 많은 가구가 문을 열어 놓고 생활하는 데 반해 할머니 댁의 문은 닫혀있었다. 그리고 문 앞에는 상자 하나 내어놓은 것이 없었다. 더욱더 놀라운 것은 대문을 열고 들어서는 입구에도 아무것이 없었다. 오직 할머니의 손바닥만한 외출용 단화 한 켤레와 똑같이 작은 슬리퍼 한 켤레만이 가지런히 놓여있을 뿐이었다.

여느 어르신 댁과 같은 구조의 작은 집이었지만, 할머니 댁은 공기부터 달랐다. 침실에는 옷장으로 보이는 한 짝짜리 흰색 장과 침구가 들어갈 것 같은 이불장이 전부였고, 복도에 면해있는 작은 문간방에는 조그마한 5단 서랍장

하나에 앉은뱅이 책상만이 놓여있었다. 다른 분들과 비슷한 시기에 입주하셨을 텐데 할머니 댁은 벽지마저도 낙서 하나 없이 깨끗했다. 그래서였을까? 할머니 댁은 고즈넉하고 차분했으며 공기마저 가볍고 풍요롭게 느껴졌다.

가벼워진 공기 덕에 한결 수월해진 마음으로 할머니께 선배가 정성스럽게 만들어준 한과를 전해드렸다. 뜻하지 않은 방문객을 맞아주던 친절한 미소가 살짝 수줍음이 담긴 미소로 변했다. 세월이 가져다주는 무던함으로 유혹에 흔들리지 않고, 하늘의 뜻을 알고, 귀가 순해지기 마련이거늘, 아흔의 나이에 보여주신 수줍음 때문이었을까? 길지 않은 방문을 마치고 다시 길을 건넛집으로 돌아오면서도 계속 할머니 생각이 났다. 공주 할머니는 어떤 삶을 사시다 영구임대 단지까지 오시게 된 걸까? 곱게 늙었다는 상투적인 표현이 무색한 할머니의 정갈한 모습은 무던한 노력과 욕심을 내려놓는 연습을 통해서만 가능할 텐데 공주 할머니는 어떻게 그럴 수 있었을까? 끊이지 않는 궁금증이 머릿속을 맴돌았다.

이후로도 공주 할머니께서 돌아가실 때까지 지속적해서 찾아뵈었다. 처음 독거 어르신들과 함께 제주도 여행을 계획했을 때도, 공주 할머니를 제일 먼저 생각하며 기획하였고, 청소년 학생들과 함께 '손자녀 되어드리기' 프로그램을 기획할 때도, 공주 할머니의 웃는 모습을 상상하며 시작하였다. 그러나 공교롭게도 할머니께서 돌아가실 즈음의 상황은 기억나지 않는다. 돌아가시기 3년 전부터 요양보호사가 도움 방문을 드렸다는 어슴푸레한 기억만 있을 뿐이다. 사회복지사로 일하면서 한국재가노인복지협회 회장을 맡았던 가장 바빴던 시기였기 때문이라고 자신에게 변명도 해보지만 처음 그 느낌대로만 공주 할머니를 남기고 싶은 내 욕심에 이후의 기억들이 바래진 탓인지도 모르겠다.

기초생활수급자가 된 어르신들에게 동일하게 제공된 공간이지만, 제각기 살아온 모습들에 따라 다르게 채워지는 공간을 통해 곱게 늙는 것에 대해 다시금 생각하는 계기를 만들어준 나의 첫 선생님 공주 할머니. 일 년에 한 번도 입지 않는 옷들이 절반을 넘게 차지하고 있는 내 옷장과 언제 쓸지는 모르지만 아름다움에 현혹되어 욕심껏 모아놓은 예쁘고 비싼 그릇들로 채워진 찬장과 언제 다시 꺼내 읽을지 기약 없이 꽂혀 있는 책들로 가득 찬 책장을 갖고 있음에도 불구하고 나는 또 무언가를 사들이며 내 마음의 여유 공간마저 좁혀가고 있는 건 아닌지……. 늘 나 자신을 점검하게 하고, 내가 조금 더 좋은 사람이 될 수 있도록, 사회복지라는 어려운 일을 제대로 하게 도와주고 계신 것 같다.

친애하는

친애하는 보호자님께

우린 청소하고 빨래하는 기계가 아니라고!

당신들과 똑같이 느끼고 맞으면 아픈 사람이라고!

어릴 적부터 우리 집에는 항상 살림을 도맡아 하는 '식모'라고 불리는 언니가 있었다. 한 명은 항상 있었고, 때로 두 명, 혹은 세 명이 될 때도 있었다. 1960년 초반, 당시로써는 드물게 어머니가 직장을 다니셨기 때문이다. 지금 생각해보니 어머니는 살림의 '살' 자도 모르는 사람이었다. 그래서 외할머니가 언니들을 데리고 집안 살림을 진두지휘하셨다.

우리 집은 4남매였다. 우리는 그저 학교만 제대로 잘 다니면 만사 오케이였다. 잘 놀고, 잘 먹고, 빠지지 않고 학교에 다니는 일이 전부였다. 자고 일어나서 아이 넷이 뱀 허물 벗듯이 아무 데나 벗어놓은 옷가지들은 학교 다녀오면 깨끗이 세탁되어 빨랫줄에 걸려 있었고, 여기저기 읽다가 내팽개쳐둔 책들도 책장에 가지런히 꽂혀있었다. 과자부스러기며 머리카락, 먼지들이 굴러다니던 방바닥도 말끔히 치워져 있었다. 당시 우리는 매일 누가 그런 수고를 해주는지도 모른 채 마음껏 집을 어지럽히며 지냈다. 결혼 후 내 손으로 그 모든 일을 하게 되었을 때야 비로소 알게 되었다.

제법 공부를 했던 나는 중학교 때 인천에서 서울로 유학을 하게 되었다. 한 살 위 언니까지 고등학교를 서울로 가게 되자 엄마는 학교 근처에 집을 하나 얻어서 우리 세 자매와 '식모 언니' 한 명을 붙여서 올려보내셨다. 이제 와 생각해보니 그 언니는 우리보다 고작 두세 살 위였을 것이다. 하지만 나는 그 식모 언니를 마치 궂은일을 도맡아 하는 사람쯤으로 여겼던 듯하다. 우리 셋이 학교에 가면 언니는 집을 청소하고, 우리가 학교에서 돌아오면 교복을 빨아서 다리고, 밥을 해주었다. 어느 날 동생이 미키마우스 시계가 없어졌다며 아무 증거도 없이 그 언니를 취조하듯 몰아세

웠고, 나 역시 그 언니가 도둑질이나 하는 질 나쁜 사람이라고 치부해버렸다.

그런데 몇 년 전, '식모' 라고 부르던 언니들에게 내가 무슨 짓을 해왔는지 뼈아프게 생각해보게 되는 일이 벌어졌다. 한마디로 '사람 취급', 즉 나의 인권 감수성이 부족하다 못해 얼마나 빈곤한 지를 깨닫게 된 일이 내가 몸담은 있는 노인복지사업장에서 일어났다. 내가 언니들에게 아무 생각 없이 내뱉은 말들, 무시하던 눈빛들이 독화살로 나에게 돌아와 내 가슴을 찌르는 것 같았다.

나는 20년 전부터 신체적·물질적 도움이 필요하신 어르신들을 돕는 노인복지에 종사하고 있다. 그중에서도 여건이 되지 않아 요양원이나 시설을 이용할 수 없거나, 본인이 거부하는 분들의 집으로 찾아가서 집안일 등 필요한 자원을 연결해드리는 일을 하고 있다. 사람들이 '좋은 일 하시네요' 하고 인사치레 하기 좋은 복지 사업 말이다.

2011년 10월, 하늘이 맑았던 가을. "따르릉" 우리 센터로 전화가 걸려왔다. 어르신 내외가 살고 계신 집에 파견을 나갔던 우리 요양보호사였다. 수화기를 들자 덜덜 떨리는 목소리가 들려왔다. 내가 무슨 일인지를 묻자 말도 못 하고 울음을 터트리더니 겨우 사정 이야기를 들을 수 있었다.

그날 아침, 어르신 내외가 살고 계신 댁에 우리 센터 요양보호사 두 사람은 치매 할머니 목욕을 위해 방문했다. 할머니는 치매 판정을 받으신 지 10년이 넘어 중증단계였고, 할아버지가 계속 혼자 돌보시다가 1년 전부터 서비스를 받기 시작하셨다. 그날도 여느 날처럼 요양보호사들이 할머니를 목욕시켜 드린 뒤, 한 명은 옷을 챙기고 다른 한 명은 할머니를 부축하여 목욕탕에서 나오던 참이었다고 한다. 한 요양보호사가 거실에 멍하게 앉아 있던 할아버지와 눈이 마주쳤다고 느낀 순간. 마치 슬로비디오를 보듯이 할아버지께서 천천히 일어나시더니 베란다 문을 열고 12층 아래로 훌쩍 몸을 던지셨단다. 두 사람 모두 할머니 팔을 잡은 채 그 자리에 얼어붙어 외마디 비명밖에 지를 수 없었다고 한다. 대강의 내용을 전해 들은 나는 할머니를 다독이라 이르고, 황급히 경찰서에 전화를 넣고 가족들에게 연락했다. 그리고 다음 방문 가정에 전화를 넣었다.

두 요양보호사는 오후에 각기 다른 집으로 돌봄 일을 나가도록 일정이 짜여 있어서, 방문해야 할 댁에 양해를 구해야 했다. 말도 못할 정도로 큰 충격을 받은 두 요양보호사는 우선 진정할 시간이 필요했고, 후에는 정신보건센터에서 상담도 받아야 할 것 같았다. 첫 번째 집의 보호자는 사정을 말씀드리자 "김 선생님이 많이 놀라셨겠네요."라며 위로하시며 센터 상황을 이해해 주셨다. 문제는 두 번째 집이었다. 치매 어르신의 보호자인 며느리는 사정을 다 듣더니 벌컥 화를 냈다. "그 집에서 벌어진 일 하고, 우리 집하고 무슨 상관이에요? 오후에 나가야 하니까 시간 맞춰 와주세요!"하고 전화를 끊어버렸다. 나는 속으로 마구 소리를 질렀다. '사람이 죽었다니까!! 그 일이 우리 선생님들 눈앞에서 벌어졌다니까! 우린 청소하고 빨래하는 기계가 아니라고! 당신들과 똑같이 느끼고 맞으면 아픈 사람이라고!' 씩씩거리며 그 댁 며느리에게 소리 없는 아우성을 쳐봐도 별다른 수가 없었다. 이 요양보호사에게 오후 일정을 뺄 수 없었다는 말을 어렵게 꺼냈다. 그는 조금 진정이 되기도 했고, 어쩔 수 없으니 그 댁을 방문하겠노라고 답했다.

이 요양보호사와 이야기를 끝내고 허탈한 마음에 자리에 털썩 주저앉았다. 처음 그 댁을 방문했던 사회복지사에게 할머니보다는 할아버지의 우울증이 심상치 않다는 보고를 받았던 사실이 떠올랐다. 물론 먼 지역에 사는 자녀들에게 일단 전화로 한 번 의논을 하긴 했었다. 하지만 자녀들이나 나나 치매에 걸린 할머니가 주된 관심사였기에 큰 말씀 없이 조용히 지내시는 할아버지가 눈에 들어올 리 없었다. 뒤늦은 후회가 밀려왔다. 그리고 '그 집에서 벌어진 일 하고 우리 집하고 무슨 상관이냐' 며 화를 내던 그 댁 며느리나 나나 별반 차이가 없는 사람이라는 것을 깨달았다. 갑자기 어릴 때 우리와 함께 살던 식모 언니들이 생각났다. 나는 그들을 어떻게 대했던가……. '우리들 뒤치다꺼리리 하느라 얼마나 고됐을까?', '남의 교복을 빨아주면서 얼마나 학교에 가고 싶었을까?' 등 단 한 번도 언니 처지에서 생각해 본 적이 없었다는 사실을 불현듯이 깨달았다.

결국 한 달이 채 지나지 않아 이 요양보호사는 사표를 냈다. 식당에서 설거지하는 일이 있더라도 다시는 사람 돌보는 일은 하고 싶지 않다고 했다.

이 요양보호사의 사표 결제가 올라온 날 할머니의 요양원행 소식도 듣게 되었다 치매에 걸린 할머니가 낯선 환경에서 얼마나 더 혼란스러워할까 가슴이 저릿했다.

자식이 부모를 돌봐야만 하는 시대는 끝났다. 며느리나

딸도 사회에 나가 일을 하게 되었고, 국가는 사회적 돌봄 제도를 만들었다. 그 제도 아래에서 생계를 이어가는 사람들도 등장하게 되었다. '좋은 일을 하면서 돈도 벌 수 있는' 일이라지만 마음속에 깊은 상처를 입게 되는 경우도 많다. 돌봄 영역이 특별한 기술이 필요하지 않은, 누구나 할 수 있는, 아니 오히려 비천한 일이고, 그런 일을 하는 사람은 무시해도 괜찮다는 무지한 시선이 여전히 존재한다.

나나 지금의 보호자들 역시 운이 좋아야 30년 후, 아니면 그보다 일찍 누군가의 도움이 필요할 때가 반드시 올 것이다. 그때가 왔을 때, 돌봐주는 이들이 나를 사람이 아닌 '일거리'로 취급하지 않길 바란다. 목욕하고 옷을 입을 때 팔 넣을 곳을 찾지 못해 허둥대도, 신발이 화분인 양 물을 주고 있어도, 남은 삶을 살아내려는 한 인간의 분투라고 생각해주었으면 좋겠다. 기저귀를 갈아주는 사람이나 낯선 손길에 벌거벗은 몸을 맡긴 사람이 서로를 따뜻한 시선으로 바라볼 수 있기를 바란다. 우리 모두 불완전한 인간임을 안타까워하면서…….

한 번도 잠그지 못한 대문

/

박을남

박
을
남

한 번도
잠그지 못한 대문

김○○ 할머니는

100세를 넘긴 울산의 최고령 할머니셨다.

김○○ 할머니는 100세를 넘긴 울산의 최고령 할머니셨다. 100세가 되실 무렵부터 우리 센터(도담도담 노인주간보호센터)를 이용하기 시작하여 100세까지 ○년을 더 다니셨다. 우리 센터에 나오시기 전에는 복지관 1층의 경로당을 주로 다니셨는데, 매일 나오셔서 점심을 드시고는 무에 그리 바쁘신지 곧장 집으로 가시곤 했다. 나중에 알고 보니 부모 없는 손자 둘을 키우시느라 늘 바쁘셨다고 한다.

할머니는 새하얀 백발에 허리가 약간 구부러지셨지만 눈빛이나 기력만큼은 젊은이 못지않게 쟁쟁하신 분이었다.

그래서인지 나는 할머니 나이가 많아야 80대일 거로 생각하고 있었는데, 이웃 어르신을 통해 100세를 코앞에 두고 계신다고 해서 깜짝 놀랐던 기억이 있다. 그 이후로 할머니를 관심 있게 살펴보게 되었다. 어느 날, 마음을 먹고 김 할머니와 이야기를 나누는 시간을 갖게 되었다. "할머니, 할머님 머리칼이 새하얘서 정말 매력적이세요. 근데 저는 80세나 되신 줄 알았는데, 곧 100세가 되신다고요? 이렇게 정정하신 비결이 뭐에요?"하고 여쭙자, 할머니는 의외로 한숨을 푹 내쉬며 "젊을 때 가난해서 먹을 것 찾으나 산으로 들로 돌아댕기면서 나물 캐다 먹고 산 것 밖에 없다 아이가. 산나물, 들나물이 보약인기라."하셨다. 그리고 연달아 속마음을 풀어 놓으셨다.

"내한테는 중학생, 고등학생 손자놈들 있다아잉교. 불쌍한 내 새끼들. 어릴 때 어미 잃고, 아비는 어린 아들들 맡겨놓고 돈 벌러 간다꼬 배타러 가더니 10년이 넘어도 깜깜 무소식이라. 행여 자식이 돌아올까 봐 여태 대문도 한번 잠근 적이 없소. 자나 깨나 아들 돌아오기만 기다리다 보니 어느새 이래 세월이 지나가브렀다 아잉교."

한참 뒤에 주름이 가득한 눈가에 고인 눈물을 훔치시며

말을 이으셨다. “그래 나는 여태 눈을 못 감는기라. 아들 얼굴 한 번 보기 전엔 눈을 감을 수가 없고말고…….”

할머니는 조손가정 수급에 의지해서 살고 계셨는데, 아무리 정정하셔도 100세가 다 되신 분이 손자 둘을 키우고 살림을 하시기는 무리였다. 해서 원래 치매 3급 이상 판정을 받아야 이용할 수 있는 주간보호센터 이용을 우리가 국민건강보험공단의 허가를 받을 수 있게 해드렸다.

할머니는 큰 손자가 고등학교를 졸업하고 군대에 가게 되어 작은 손자만 돌보면 된다며 매일 센터에 나오셔서 점심을 드셨다. 아침과 저녁은 복지관에서 오후에 배달되는 도시락 두 개로 해결하셨다. 빨래나 청소는 자원봉사자들이 번갈아 방문해서 해드렸는데, 봉사자들은 하나같이 할머니는 연세가 그렇게 많은데도 정말 점잖으시고 단정한 분이라고 칭찬이 자자했다. 빨래도 항상 구분해서 봉사자들이 일하기 쉽게 해 놓으셔서 한 번도 눈살을 찌푸리는 일이 없었다고 한다.

개인적인 사정으로 센터를 떠난 뒤 몇 년이 지나고, 우연히 지난 대통령 선거 때 107세 최고령 투표 할머니로 언론에 소개되는 것을 보게 되었다. 이웃 젊은이들의 부축을 받으며 나오시는 할머니는 여전히 정정해 보였다. 하지만 화면에 비친 할머니의 얼굴을 보니, 아들은 아직 돌아오지 않은 듯했다. 돌아왔다면 아들의 부축을 받으며 환하게 미소 띤 얼굴로 투표소에 나오셨을 텐데…….

사라진 아들은 할머니의 마음을 조금이라도 헤아리고 있을까? 아무리 내리사랑이라지만 자식이 부모를 생각하는 마음과 부모가 자식을 생각하는 마음은 너무도 먼 것 같다. 죽었는지 살았는지도 모르는 자식을 기다리는 마음이나, 살아 있어도 한 번 찾아오지 않는 자식을 기다리는 마음이나.

이제나저제나 아들이 돌아올까 한 번도 대문을 잠그신 적이 없다던 할머니. 할머니의 대문처럼 부모들의 마음은 항상 열려있는데, 자식들의 마음은 어디를 향하고 있는지……. 자식 된 내 모습을 돌아보니 나 역시 마냥 떳떳하지만은 않다. 그러니 더 늦기 전에 부모님께 전화라도 한 통 드려야겠다고 마음을 먹는다.

당신은 내 마음의 주인

교만한 머리를 숙이며

당신을 그리는 밤

바람이 불어오는 곳

한평 남짓 내 거처

/

부재옥

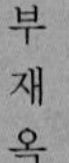

부재옥

당신은 내 마음의 주인

밤을 새며 내 등을 쓰다듬어주던 네 손,

가슴으로 사랑한 고마움을 기억하겠다.

사람들은 늘 행복을 찾아 과거, 혹은 미래를 기웃거린다. 일상의 많은 시간을 어르신들과 보내다 보면 늘 똑같고 지루하게 느껴지는 때도 있지만, 마음과 생각이 통하는 순간, 작은 것 하나에도 웃음을 나눌 수 있어 오늘도 행복하다.

어렸을 때는 여느 꼬마들처럼 대통령 되는 것이 꿈이었다가, 초등학생 때 선생님의 칭찬을 계기로 사회복지사를 꿈꾸게 되었다. 그렇게 꿈을 이루어 시간 가는 줄도 모르고 어르신들과 함께 지내다 보니 어느덧 나 역시 '어르신'이 되어가는 중이다.

깊이 마음을 나눴던 가까운 이의 죽음은 과거가 어떠했든 회한과 슬픔이 가득하기 마련이다. 아무리 잘한다고 했어도 후회와 슬픔, 죄책감이 없을 수가 없다. 비단 죽음까지는 아니더라도 요양원에서 지내면서 겪게 되는 수많은 이별에는 면역이 되지 않아, 매번 그리움과 먹먹함에 가슴을 치게 된다. 그중에서도 가슴에 사무쳐 도무지 잊을 수 없는 이별이 있다. 평생을 성산포 삼달리 앞바다에서 해녀로 바다를 누비며, 소라, 전복, 미역을 따시던 정○○ 어르신과의 이별이다.

10년 전이었다. 세찬 비바람이 불고 날이 궂어 한낮인데도 하늘이 우중충하여 저녁나절 같은 날이었다. 어르신의 며느리가 급하게 요양원으로 전화를 했다. 1시간 이상 차를 달려 도착한 곳은 성산포 삼달리 앞바다였다. 금방이라도 성난 파도에 휩쓸려갈 듯이 바닷가 바로 앞에 자리한 다섯 평 남짓한 초가집이었다.

"안녕하세요!" 여러 번 불렀지만, 인기척이 없었다. 문을 열고 여기저기 찾아봐도 아무도 보이지 않았다. 어르신을 찾아 동네 골목골목을 헤매다 보니 저 멀리 바닷가 바위 위에 어르신이 앉아계신 것이 보였다. 울퉁불퉁한 돌길을 따라 부랴부랴 어르신 곁으로 가까이 가보니 금방이라도 물속으로 떨어질 듯이 아슬아슬하게 앉아 계셨다. "어떵 와시니? 여기왕 앉으라." 그때의 그 미소가 지금도 눈에 선하다. 아마 여기서 소라를 따고 전복도 따고 미역도 따셨겠다고 생각하면서 어르신을 모시고 요양원으로 가면서 많은 이야기를 나눴다. 해녀 일을 하면서 5남매를 키우셨고, 할아버지는 고기 잡으러 배 타고 나갔다가 돌아오지 못하셨다고 한다.

요양원에 오셔서 함께 지낸 지 몇십 년. 어느 날에는 내가 딸이 되기도 하고, 며느리가 되기도 했다. 그럼에도 불구하고 날마다 밤낮없이 봇짐 싸 들고 삼달리로 가겠다며 요양원 앞마당을 서성이셨다.

어떤 날에는 "불끄라~ 불끄라~" 하시며 불이 켜져 있으면 바로 꺼버리신다. 절약 정신이 투철하셔서 불을 켜두면 어르신께 혼쭐이 난다. 심지어 화장실에 갈 때도 불을 켤 수가 없다. 다행히 밤에는 불 켜는 것을 '허락' 하신다. 부지런히 여기저기 돌아다니면서 불을 끄시는 게 하루의 첫 일과이다. 그렇게 정정하던 어르신은 정말 어느 날 갑자기 돌아가셨다. '이렇게 홀연히 가실 줄 알았으면 별것도 아닌 사탕 하나에 눈을 못 떼실 때, 그때 하나 더 드릴 것을…….' 하며 사소한 일까지 후회와 괴로움이 밀려들었다. 그래서 오늘도 내려놓고 비우는 연습을 해본다.

오늘도 동광효도마을에 사는 천진한 어르신들과 손에 손을 맞잡고 요양원 앞마당을 산책한다. 내 손을 어루만지다가 머리를 쓸어안기도 하고, 촉촉이 젖은 눈망울로 나를 보며 내 귀에 나지막하게 '내 너를 잊지 않으마. 수고가 많다. 밤을 새우며 내 등을 쓰다듬어주던 네 손, 가슴으로 사랑한 고마움을 기억하겠다.' 고 속삭이시던 어르신이 그립고 또 그립다. 어렵게 어르신을 떠나보내고 헛헛한 마음을 달래고자 조금씩 써 두었던 습작을 이제야 꺼내어 본다. 지나가는 바람결에, 일렁이는 안개 속에, 그리고 놓여 있는 사탕에서 자꾸만 비치는 어르신의 모습이 더는 빛바래지 않게 이 책에 담아보고자 한다.

교만한 머리를
숙이며

늘 그리운 이들, 치매 마을에서 천진하고 가련한
어르신들은 손과 손을 맞잡고 마을 마당을 빙빙돌다
내 손을 어루만지다
가슴으로 머리를 쓸어안다가
촉촉이 젖은 눈망울로 넌지시 미소 지으며 나지막이 귓가에
속삭입니다.
내 너를 어찌 잊으리,
수고가 많구나,
숱한 날들을 일으켜 세워 너를 밤새 쓰다듬어 주리라,
네 손길로, 가슴으로 행한 오늘을
이 늙은이 마지막 가는 날 민들레 홀씨에 매어주마,
내 마지막 더운 숨으로 너를 높이 띄우리라,

님들은 잠시 다녀오실 것처럼 하시더니,
하기사 어떤 임은 더러 오셨다 가셨지만,

다들 들리는 소식으론 먼 길 떠나셨다 하니
'힝'하고 코를 풀며 괜히 하늘을 봅니다.

어쩌면 정붙이지 말 것을 그랬나 봅니다.
지금은 어디쯤 가시옵니까?
하룻밤에 못 가는 거리 일텐데,
그렇게 가시고 싶어하던 고향은 들렸다 가시는가요?
"삼달리~ 정뜨르~ 곱은네~"
다 기억이 안나네요.
제가 울까봐 그 길로 가셨나요?
아니면 매달릴까봐 그러셨나요?
편지라도 주시던지
길동무에게 전화라도 한 번 빌리시지 그랬어요?

돌아 돌아 가시다보면 마지막 정거장 흰사슴못이 있어요.
아마도 아실 듯 하지만,
거기서 다시 한 번 고향마을 보시며 고달팠던 발바닥도
적시고 계시옵소서.
내 부리나케 주먹밥 싸서 뛰어 올라갈께요.

이제사 정말정말 눈물이 나려고 하네요.
그리도 홀연히 가실줄 알았으면 별것도 아닌 사탕 하나에 눈 홀리던
그때, 내 어찌 더 드리지 않았을까 눈물이 나네요.
밤이 깊어 낮은 시선으로 돌아왔지만 얼어붙은 듯 쓸쓸하고 아무 소리도 남지 않는 새벽, 아무런 움직임도 없는 허공을 바라봅니다.
혹여라도 영원이랄지, 사랑이랄지 그런 소중한 것들을 찾을 수 있지 않을까하여 지긋이 눈을 감아봅니다.

내 마음 밭에 부지런히 씨를 뿌렸으나 싹이 돋지 않는군요.
상심하다 또 씨를 놓고, 정성스레 흙 한줌 한줌을 더 얹으며
그저 나는 싹 틔우는 일만을 기다렸던 것 같아요.
참 사랑과 덕을 입고서도 새싹을 틔워줄 님의 가슴 속 내 막을 몰랐던건 아닌지.

며칠째 메마른 들꽃조차 애처로운 것을 이제사 봤어요.
하늘과 함께하지 않은 저만이 교만한 행사를 거듭해 왔군요.

가슴 속 진실을 담아올려 기도를 드려야 할 내가
저 혼자만의 자만이 어리석음을 키우고 있었습니다.
겸손하게 영혼의 담금질과 수신고행이 더 필요한 것을
깨닫지 못 하고 어제도 교만하게 하루를 보냈습니다.

당신을 그리는 밤

당신을 짓누르던 한겹 덧옷조차 무겁고 거추장스러워,
그래서 당신은 다 벗어던지고, 갓 입은 그 오욕의 짐마저 벗어던지고
하늘로 날아 올랐습니까?
그런줄도 모르고 하늘에 먹구름이 몰려오고 비가 오기에
서너망테 건져올린 그물을
포구를 찾아 귀향을 재촉했지만
늘 내 귀향을 밝히는 등대불이 보이지 않아 밤새도록 황망히 헤맸습니다.

세상이 울어대고 나 또한 넋을 놓고 있습니다.
새벽에 닭이 울지 않으면 동이 트지 않을 것 같아,
달무리가 지지않은 걸 보니 저 메마른 들에 뿌릴 비도
기다리지 말아야 할 듯한 허탈함처럼

그저 그리하며 살아왔던

당신이 그리도 이루려 하던 그날이 그 새벽이 곧 이를텐데

며칠째 당신을 그리다

원망하다 이 밤도 하늘에 삿대질합니다.

바람이 불어오는 곳

바람님,

무등이왔 억새잎이 일렁이니 그 뜰을 거닐고 있나봅니다.

아침 안개가 내 텃밭에서 밀려가나 했더니

그때 이미 님은 발자국도 없이 게까지 가셨네요.

부드러운 손길로 꽃들을 어루만지,

민들레 솜털을 가벼이 날려 영토를 넓혀주고

다 누르지 못한 무등이왔 설음을 어루만져주고 님은 자유로운듯

그러나 여정을 재촉하듯 언덕을 넘어가네.

오늘은 서녘에서 동녘으로, 내일은 어디에서 어디로 가시나

내 이마라도 한 번 짚어주실지.

내 뜰에 잠시 머무르며

여린 황매잎이라도 흔들어 주신다면

님이 내게 발걸음 해주심에 눈물로 두 손을 모으리다.

바람이 어디서 불어오는지 알고 있지만
내 곁을 스치는 듯하던 그때 그 무렵 이후는
나뭇잎도 구름도 멈춰서 있어서
어디를 돌아 어디로 간 것인지 알 수가 없어
형제섬 잔물결을 봐도 그 바람의 발자국이 안 보이네

오래 전 그 바람의 색깔도 선하고
오래 전 그 바람의 향기도 생생한데, 지금은 오감이 작동되지 않아
어느 것 하나 느낄 수가 없네요.

나는 또 다시 회상하며 오감에 불을 지펴 바람의 흔적을 훑어보려 합니다.
이미 먼발치로 흩어져버린 바람의 끝자락이라도 붙잡고 싶어서.

한평 남짓
내 거처

내 후일에 한평 남짓한 거처를 정하면
노을진 언덕배기 거쳐를 나와 하늘과 바다를 거닐고
바람과 구름도 사귀며
만찬창이 구석진 자리라도 한자리 차지하고 나누리라.
잘 빗은 막걸리 한 사발과 그 향에 넉넉히 젖으리라.

봄이면 내 초가에 꿈틀되는 새싹으로 생명을 불어넣고
이어 내 거처 뜰에 무성한 녹음을 깔아주고
옥수로 해감한 옥광목 이불처럼
그리도 하얀 눈으로 내 초가를 덮어준
마냥 은혜로운 님께 감사드리며
세세마다 여유로움에 가득한 한평 남짓 그 움막을
아흔아홉칸 대갓집에 비할까?

내 여생 끝날을 미리 꿈꾸는 그 소망이야말로
이 가슴에 뭉게구름 타고 어디든 가는 듯하네.

그 산에 오르면 그 바다가 보인다.
늘 같은 듯 다른 그 산과 바다는 같이 울고 웃는다.
그 산에 나뭇잎들이 바람에 일렁이면 바다도 함께 일렁인다.
그 산 나뭇잎들 꽃들이 찬란히 빛날 때
바다도 은빛 물결로 화답하고 무수한 박수를 보낸다.
그 산에 오르면 서로 다른 듯 닮은 그 바다를 본다.
둘은 태어나서 예까지 그렇게 그렇게
같이 울고 웃으며 함께한다.

어려운 결정

어느 모자와의 인연

요양시설에서 노인은 어떠한 존재인가요?

오복경

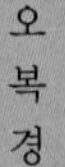
오복경

어려운 결정

인권이

일상이 되는 날까지

지적장애 2급인 78세 김 어르신은 충남 시골 마을에서 지적장애 2급인 30대 아들과 함께 살고 있다. 어르신은 10년 전 남편과 사별한 뒤, 식당이나 모텔에서 잡일을 하거나 작은 텃밭에다 농사를 지어 근근이 살아가고 있다. 아들은 절도사건으로 몇 건의 재판 과정 중이었고, 80세가 다 된 노모에게 생활비를 벌어오라고 끊임없이 요구하고 있었다. 아들에게 벌금형이 내려지면 그 또한 어르신의 몫이 된다. 신기하게도 아들은 지적장애가 있는데도 돈에 대해서는 눈치가 빨랐고, 그만큼 지독한 집착을 보였다.

오늘도 청소하러 간 어르신에게 돈을 내놓으라며 폭언을 쏟아내는 아들 때문에 모텔의 여주인이 우리 기관에 전화를 걸어왔다. 벌써 몇 번이나 반복된 일이다. 우리는 모친에게 강제로 경제적인 요구를 하는 것은 노인학대라고 수차례 이야기했지만, 지적장애가 있는 아들은 제대로 이해하지 못 하고 있다. 그런데도 어르신은 아들에 대한 애착을 넘어 집착적인 보호 의지를 보여 우리도 지자체도 난감한 상황이었다.

어르신의 남편은 돌아가시면서 집과 1억 원 정도의 현금을 남겼지만, 모두 아들 명의로 바뀌었고 김 어르신은 자기 명의로 된 통장조차 없었다. 우리는 경찰, 지자체 등 관련 기관들과 회의를 진행했지만 서로의 의견 차이만 확인했을 뿐이다.

"어르신 본인이 아들과 함께 살고 싶다는데, 자기결정권을 존중해야 하는 것 아닌가요?"

"어르신과 아들의 결정이 자신들의 행복을 해치고 있는데 어떻게 그 결정을 따를 수 있나요?"

"80이 다 된 김 어르신 인생에 아들은 너무나 무거운 짐이에요. 현금이 있기 때문에 어르신은 기초생활수급이나 노인복지 혜택, 그 어느 것도 받을 수 없는 상황인데, 이대로 방치할 수 없는 문제에요."

긴 시간, 수차례 논쟁을 벌였지만 결론이 나지 않았다.

하지만 얼마 후 결국 우리의 바람대로 김 어르신과 아들을 격리하는 계기가 되는 사건이 벌어졌다. 어느 날 모텔 주인이 다급한 목소리로 우리 기관에 전화했다. "오늘따라 얼굴빛이 너무 안 좋았는데, 청소하시다가 쓰러지셨어요." 인근 병원으로 후송하여 진찰한 결과 위, 십이지장 궤양 및 영양실조였다. 병원에서 깨어난 어르신의 첫 마디는 "이젠 아들과 못 살겠어. 내가 이렇게 아픈데 돈 벌어오라고 아침부터 날 채근하며 내보냈다니까."였다. 우리는 내심 그 말을 반기며, 그대로 지켜볼 수 없다는 판단하에 어르신을 긴급으로 노인병원에 입원시켰다. 경찰과 지자체에 아들과의 분리를 희망하는 당사자의 의사를 전하며 어르신 보호에 들어갔다. 동시에 관련 기관 회의를 통해 어르신을 단독세대로 분리하여 기초생활수급권자가 될 수 있도록 행정처리를 진행하기로 했다.

그런데 며칠 뒤, 우리 기관에 전화가 빗발쳤다. 군청 장애인과 및 노인복지팀이었다. 담당자는 아들이 군수실까지 쳐들어가서 자기 어머니를 내놓으라고 난동을 부렸다며 난감한 상황이니 해결을 하라고 우리 기관을 압박했다. 그러면서 하는 말이 "사실 몇 년 전에도 이와 비슷한 사건으로 분리를 시도했지만, 어르신이 아들과의 분리를 거부했고, 아들도 난동을 부려서 다시 집으로 돌아갔었다"며, "지적장애 아들의 난동에 난감하니 어찌하면 좋을까요?"라고 물었지만, 사실은 어르신을 다시 돌려보내라는 압박이었다.

우리는 그때 그 '몇 년 전 일' 이 성폭력 및 성범죄 피해자를 보호하는 해바라기센터와 관련된 일이었다는 것과 아들과 어르신의 사건이었다는 것을 알게 되었다. 우리 기관이 이 사례에 처음 개입했을 당시 동네 사람들로부터 듣게 된 미심쩍은 이야기들이 그제야 이해가 되었다.

사례 회의를 거쳐 불안해하는 김 어르신을 반복해서 설득했다. 병원에서 퇴원하여 노인보호쉼터를 거쳐 양로시설에 들어가실 때까지 어르신은 매우 불안해 하셨고, 우리는 전문상담사를 통해 할머니을 안정시켰다.

이 사례를 보면서 나는 큰 혼란에 빠졌다. '인권은 그

사람의 생각과 판단을 있는 그대로 인정하는 것', '인권은 이성과 양심의 기준' 이라고 믿어왔는데……. '모든 사람이 존엄성을 인정받고 인간답게 살아가는 데 필요한 모든 권리' 라는 인권의 정의를 보면서 '인간답게 살아간다는 게 무엇일까?' 너무나 추상적인 문구에 불편함을 느끼면서 어르신을 제대로 보호하고 옹호하는 것이 무엇인가를 다시 생각하게 되었다.

한편으로 그간의 상황을 알고 있었던 지자체의 결정과 태도에도 분노를 느꼈다. 국가는 국민의 인권을 보호하고 실현해야 할 의무가 있다. 지방자치단체 공무원들은 국가를 대신하여 최일선에서, 노인보호전문기관은 사무업무를 위탁받은 대행기관으로써 자기의 역할에 최선을 다해야 한다고 소리를 지르고 싶었다.

일정 시간이 흐르자 어르신은 안정을 되찾았다. 아직도 나를 보면 제일 먼저 아들의 안부부터 묻는 어르신에게 나는 냉정할 정도로 솔직하게 말씀드렸다. "아드님은 여러 번의 작은 절도사건으로 형을 선고받아 교도소에 복역 중입니다. 아드님을 위해서라도 그곳에서 새로 교육을 받고 나와야 합니다. 어르신이 아드님을 정말 사랑하신다면, 본인의 건강과 행복을 먼저 챙기셔야 합니다." 어르신은 눈물을 흘리며 그러겠노라고 고개만 끄덕이셨다.

어르신처럼 여러 이유로 사회적 보호를 받을 수 없는 분들을 위해 나는 무엇을 해야 할까? 내가 선택하고 나아갈 이 길 위에서 과연 이것이 진정으로 그분들을 위한 것인지, 진정 옳은 결정을 한 것인지 알 수 없어 괴롭다. 때로는 내가 나쁜 사람이 되는 것 같아 외로울 때도 있다. 그래도 이 길을 포기할 수는 없다. '인권' 이 '일상' 이 되는 날까지 쉼 없는 달음박질을 계속 해나갈 것이다.

어느 모자와의 인연

숫자, 통계에 얽매이지 않고
사람과 사람 사이의 관계를 존중하는 복지

얼마 전, 아주 오랜만에 '신과 함께 2'라는 영화를 보았다. 내가 처한 상황 탓일까? 영화 속 몇몇 대사들이 예사롭게 들리지 않았다. "나쁜 인간은 없어. 나쁜 상황이 있는 거지." 인간은 본래 선하다는 성선설의 입장인가 하는 의문과 함께, 이 영화의 마지막 장면이 뇌리에 강하게 남았다. 죽은 뒤에도 자기 자식이 지은 죄를 가슴 아파하며 염라대왕과의 거래를 받아들이는 아버지의 모습. 부모의 마음이 다 저렇겠지 하는 생각에 마음이 저린다.

영화 속에서 현실 세계에 사람의 모습으로 나타난 가택

신이 주식, 펀드를 했다가 돈을 잃게 되어 손자와 사는 할아버지를 돕는 장면이 나오는데, 이제 저세상의 존재들까지 펀드에 손을 대는구나 하는 생각에 요즘 말로 '웃펐다.' 직업병이 발동했는지 이 영화 속에서 간간이 보이는 신체적·정서적·경제적 노인학대 상황이 턱턱 마음에 걸렸다.

사회적·복지적 역할의 필요성이 대두되면서 우리나라에 노인보호전문기관이 도입된 지 10년이 넘었다. 노인보호전문기관이라는 이름 때문인지 그간 우리는 학대피해자나 가해자의 힘든 세상살이 속에서 벌어진 사연들에 아주 가깝게 다가서지는 못했던 것 같다. 이제는 노인만을 보호하는 기관이 아니라, 노인의 인권을 보호하고, 우리 사회의 아픔을 감싸 안고 갈 수 있는 기관으로 인식되기를 바라는 마음으로 이 글을 써 내려가고자 한다.

83세의 김 씨 할머니는 오늘도 변함없이 전화 하셨다. 할머니는 충남남부노인보호전문기관의 특별 고객으로, 이렇게 관장인 나와 통화를 하신 지도 벌써 4년이 넘었다. 항상 그렇듯이 큰아들과 관련된 가족사를 자신의 관점에서 길게 하소연하시더니 "관장님, 내 전화 귀찮지유? 허지만 이 늙은이 이야기 들어주는 사람은 관장님밖에 없어유. 관장님은 나한테 부모 같은 분이어유." 하신다. 이게 무슨 웃지 못할 이야기인지. 자식뻘인 나에게 '부모' 같다니……. 하지만 이웃도 자식도, 하물며 신고하면 달려오는 경찰마저도 할머니 집안 사정이라면 빠삭해서 할머니 이야기는 귓등으로도 듣지 않는다.

20년 전, 김 씨 할머니의 남편은 위암 진단을 받았다. 수술 후 길고 지난한 간병에 몸도 마음도 지쳐버린 할머니가 이혼을 하자는 이야기를 꺼냈고, 얼마 후 남편은 헛간에서 목을 매 자살해버리셨다. 그 장면을 목격한 할머니는 큰 충격을 받았지만 큰아들 내외는 '다 어머니 때문'이라며 할아버지의 죽음을 할머니 탓으로 돌렸다. 게다가 오래전부터 집 명의를 이전하는 문제로 자식들과 옥신각신하던 차여서 끝없는 갈등과 원망은 눈덩이처럼 커졌다.

할머니 말에 따르면 큰아들은 어려서는 공부도 꽤 잘했고, 부모 말에도 순종하는 기대주 아들이었다. 하지만 뜻대로 되지 않는 것이 자식 일이라는 말처럼 10년 전 사업에 실패한 뒤, 자기 방식대로 농사를 짓겠다며 고향에 돌아온 뒤로부터 모친과 숱한 갈등이 시작되었다. 큰아들은 술을 잔뜩 마시고 살림살이를 때려 부쉈고, 이제는 부모 집까지 차지하려 들었다. 그러자 할머니는 모든 원망을 큰 며느리에게 쏟아붓기 시작했다. 처음 우리 기관에 이 사건이 접수되었을 때도 할머니는 '큰며느리가 잘못 들어와서 자기 아들을 망쳐버렸다' 고 말씀을 하셨다. 큰아들은 날이 갈수록 포악해졌고 억척스러운 할머니와 하루하루가 전쟁이었다. 아들은 사흘이 멀다고 술을 마셨고, 술기운이 돌면 부모에게 입에 담기 힘든 욕설을 퍼부으며, 자존심 강한 할머니를 자극하였다. 힘으로는 당할 수가 없으니 급기야는 가까운 파출소에 신고한 것이다. 이런 일이 무한 반복 되자 파출소에서도 늦게 출동하거나 성실한 태도로 임하지 않았던 모양이다. 그러자 할머니는 이제 우리 기관을 통해 신고하셨다. 여러 번 사고들이 오갔고, 한 번은 아들이 할머니를 밀쳐서 허리를 다치는 사건으로 집행유예를 선고받게 되었다. 큰아들은 "세상 어디에 제 자식한텐 콩밥 먹이고 싶어 안달 난 부모가 있느냐? 무슨 부모가 동네방네 다니며 제 자식 흉을 보다 못해 죽일 놈을 만드냐"며 두 사람의 관계는 더욱 악화하였다.

처음 우리 기관에 사건이 접수되었을 때 할머니와 큰아들 내외는 한 집에 살면서도 식사는 물론, 그릇도, 반찬도 모든 살림이 따로따로였고, 전혀 대화가 이뤄지지 않아 단절된 상태였다. 우리는 아들을 학대가해자로 보고 상담을 진행했다. 우리 힘으로는 부족했기 때문에, 외부전문가에게 도움을 받아보고자 했다. 심리상담사를 통해 아들과 할머니의 가슴 아픈 사건을 해결해보려 노력했지만 큰아들은 한 두 번 상담을 받더니 다시 술을 마시기 시작했고, 기관에는 발걸음조차 하지 않게 되었다. 할머니만이라도 계속 진행하자고 생각하여 1년간 심리상담을 진행했다. 할머니는 첫 회부터 큰아들 내외가 자신에게 했던 언행들, 며느리 때문에 딸들과 멀어진 이야기, 자기 남편이 죽은 원흉에 대한 이야기를 무한 반복 했다. 매번 상담 후에 방에서 나오는 상담사 선생님의 얼굴이 핼쑥해 보일 정도였다.

어느 날은 법에 대해 잘 알고 있는 둘째 아들의 도움을 받아 퇴거명령 소송을 진행하여 승소했지만, 큰아들 내외는 여전히 집에서 나가지 않았고, 우리 기관에서는 장기요양등급신청, 노인돌보미신청 등 지속적으로 사례관리를 해드렸다. 우리가 볼 때 그래도 이 가정에서 희망을 걸어볼 만한 사람은 큰며느리였다. 남편과 시어머니의 갈등 속에서 크게 동요하지 않고 무던하게 살림을 꾸려나가고 있었기 때문이다. 비록 시어머니에 대한 서운함을 표현하기는 했지만, 원망이나 분노의 수준까지는 아니라는 것이 그나마 다행이었다. 우리는 그렇게 인고의 시간을 보냈다.

그런데 며칠 전, 할머니에게서 또 한 통의 전화가 걸려왔다. 당뇨로 거의 죽을 뻔한 것을 큰아들은 방치했고, 딸네 집에 전화를 걸어 겨우 병원에 입원했다며, 다음 주에 퇴원하니 병문안을 오라는 것이었다. 며칠 뒤 병문안을 하러 갔을 때, 나는 변화한 할머니 모습에 깜짝 놀랐다. 병원에 입원한 뒤로 큰아들이 자신에게 조금 살갑게 대해준다며, 마트에서 일하는 며느리도 퇴근 후에 과일 등을 사서 들른다는 이야기, 그리고 무엇보다 무한 반복 하시던 10년 전 이야기를 하지 꺼내지 않으신다는 사실이 놀라웠다. 하지만 몇 주 뒤 퇴원하신 할머니는 다시 전화하셔서 2번이나 탈락했지만, 관장 '빽' 으로 장기요양등급을 받게 해달라는 부탁을 하셨다. 큰아들 내외와는 어떻게 지내시느냐 묻자 "똑~같아유. 내가 죽어야 이 싸움이 끝나쥬." 하셨다.

할머니 댁의 일은 나에게 현재진행형이자 많은 고민과 안타까움을 안겨주는 사례이다. 우리나라 학대의 80% 이상을 차지하는 것이 가정 내 노인학대이고, 시설 내 학대 역시 매년 증가하고 있다는 보고서의 결과는 더는 새로운 내용이 아니다. '노인학대는 언제쯤이면 사라질까? 노인학대, 아동학대, 이런 사회적 문제가 적으면 적을수록 좋은 사회가 아닐까? 노인보호전문기관 결과 보고 기준에서 한 해에 종결한 사건 비율을 살펴보는 것이 무슨 의미가 있을까? 이렇게 복잡한 인간관계를 빨리 마무리 짓는 것이 좋은 것일까? 가정학대이든 시설학대이든 노인보호전문기관이 윤리적 신념을 가지고 어디까지 개입해야 하는 것일까? 우리는 매년 학대예방을 위해 그렇게도 많은 일을 하는 데 어째서 보고서에는 노인학대 발생률이 올라가야 일을 많이 했다고 인정을 받는 것일까?

복지현장에 몸담은 지 10년밖에 되지 않은 햇병아리지만 나는 이렇게 외치고 싶다. 숫자, 통계에 얽매이지 않고 사람과 사람 사이의 관계를 존중하는 복지를 실천하고 싶다고. 그래서 진심을 담아 서로를 응원하고, 어르신들이 살아온 과거를 이해하며, 삶의 마지막에 함께 해주어 아주 고맙다고 말해줄 수 있는 사회가 되길 바란다고.

오늘 아침에는 아주 작은 희망의 씨앗을 보았다. 말기 암으로 임종을 앞둔 85세 할아버지의 생전 장례식을 다룬 인터넷 헤드라인 기사였다. '나의 판타스틱 장례식' 에 지인들이 가장 아끼는 옷을 입고 참석하여, 풍선과 꽃으로 장식된 아름다운 장소에서 임종 어르신의 요구대로 춤추고 노래를 불렀다는 내용이 가슴 뭉클한 감동을 주었다. 초대인사는 이러했다. "아니, 왜 꼭 죽은 다음에 장례식을 해? 어차피 한 번은 죽어야 하는 거, 너무 슬퍼하지는 마시고. 오늘 이렇게 많이 와 주셔서 감사합니다."

요양시설에서
노인은 어떠한 존재인가요?

국가의 미래는 아이들이지만

저의 미래는 노인입니다.

얼마 전 노인학대로 판정된 시설과의 재판이 있었다. 해당 시설은 모시고 있던 노인들에게 욕창을 발생시켜 심각한 상태가 되었고, 촉탁의 역시 병원 진료가 필요하다는 진단을 수차례 내렸음에도 불구하고 자녀들이 병원 진료를 거부한다는 이유로 노인들을 심각한 상태가 될 때가지 방치한 문제로 학대시설판정을 받았다. 그 후 해당 시설은 행정청으로부터 3개월 영업정지처분을 받았으나 이에 불복하고 행정처분취소 소송을 진행하였다. 이 기나긴 과정 중에 재판을 진행하는 판사님께서 하신 말씀 중, "아니

보호자가 병원비를 내지 않으면 방법이 없지 않으냐?"라는 말을 들은 나는 이것이 지금 대한민국 인권의 현주소라고 생각하였다. 하여 마지막으로 그 판사님께 다음과 같은 청원서를 올렸다. 그 결과가 어떻든 우리는 우리가 할 수 있는 최선의 노력을 다하여야겠다는 생각에, 용기를 내어 글을 올렸고 결과는 아직 진행 중이다. 하지만 이 글을 쓰고 있는 나는 지금도 그때 나의 선택을 후회하지 않기로 하였다. 내 양심에 일말의 거리낌이 없기 위해 당시 답답한 심정을 반영하여 힘들게 작성한 청원서를 여러분과 함께 공유하고자 한다.

청 원 서

저는 충남남부노인보호전문기관에 종사하고 있는 오복경관장입니다. 판사님께 이렇게 청원서를 올리는 이유는 최근 들어 노인들을 모시는 요양시설 및 요양 병원 등에서 노인에 대해, 권리를 가진 소중한 한 사람으로 바라다보는 것이 아니라 죽음을 앞둔 가치 없고 무의미한 존재로 바라다보는 우리 사회의 인식이 너무도 안타깝다는 판단이 들어 글을 올리게 되었습니다. 특히 지난 17년 발생한 A요양시설 사건은 "모든 국민은 인간으로서 존엄과 가치를 가지며, 행복을 추구할 권리를 가진다."라는 헌법의 조항이 관연 실현되고 있는가에 대해 많은 의구심을 갖었던 사건입니다.

본 기관이 처음 신고 접수 후 대상노인들을 만났을 때 김○○님은 당뇨, 고혈압, 천식을 앓고 계셨고 심각한 욕창상태에도 불구하고 통증여부를 질문하자 많이 아프시다고 답할 정도로 의식이 명료하셨습니다, 이○○님은 심한 치매와 심각한 욕창상태로 묻는 질문에 정확한 대답을 하시지 못할 정도의 인지상태였습니다.

두 분의 욕창상태는 촉탁의 진단에도 나와 있듯이 3기의 근막이 보일정도의 심각한 상태였고 촉탁의 역시 진료를 볼 때마다 병원입원치료를 권하였습니다. 무엇보다도 해당 요양원의 종사자들이 힘들어 했던 부분은 의료자격을 갖추지도 않은 해당요양원의 대표가 처치할 때마다 고통스러워하는 노인들의 모습을 보고 있어야 한다는 것이 였습니다. 또한 간호조무사가 있음에도 불구하고 두 노인들의 처치에 전혀 개입을 하지 못하게 하고 자신이 모든 것을 통제하며 촉탁의의 의견을 무시하였습니다.전직이 간호사였던 저의 경험치로 볼 때 보통 병원에서 욕창 처치 후 통증을 호소하게 되면 진통제를 맞추어 줄 정도로 욕창처치는 환자에게 많은 고통이 따릅니다. 더욱이 두 노인은 고령에 노인성 질환 등을 갖고 있어 심각한 욕창상태를 소규모 요양시설에서 처치한다는 것이 매우 위험하다는 것을 의료인 이라면 당연히 인지하였을 것입니다. A요양시설의 대표는 두 노인의 보호자와 친인척관계고 보호자들이 원치 않아 병원에 모시고 갈수 없었다고 주장하였으나 본기관이 현장 확인 후 당일 보호자들에게 전화를 걸어 두 분의 욕창상태의 심각한 정도와 반드시 병원치료가 필요하다고 전달하자 당일로 두 노인은 병원입원을 진행하게 되었고 김○○님은 며칠 후 수술을 진행하여 좋은 경과를 보였고 이○○님은 입원 며칠 후 수술 예정이었으나 사망하셨다고 소식을 전해 들었습니다.

지금의 한국사회는 초고령사회라는 단어를 써가며 노인인구의 증가를 우려하고 있습니다. 저희노인보호전문기관이 우려하는 것은 노인인구가 많아지는 것이 아닙니다. 가정에서도 노인을 모시는 시설에서도 노인을 한 사람의 소중한 인격체로 바라다 보아주지 않는 우리사회에 대한 염려입니다.

판사님 국가의 미래는 아이들이지만 저의 미래는 노인입니다. 얼마 후면 저도 어느 요양원에 들어가 노년의 여생을 마치게 될 겁니다. 지금의 요양시설종사자들의 마인드나 태도가 변화되어 가지 않는다면 우리의 미래는 매우 어둡고 불행 할 것 입니다. 더욱이 이웃의 고통에도 우리는 마음 아파하며 도움의 손길을 보내던 국민이었는데 어찌 자신의 부모의 고통에 대해 공감하지 못 하고 병원 진료에 대해 거부를 하는 세상이 되었을까요. 명목은 허울 좋은

'편안히 돌아가시게 하기 위해서' 라지만 저는 단호히 이렇게 말씀드리고 싶습니다. 자연스런 임종은 모든 노인들의 바람이며 인생의 마지막 목표 일 것입니다 하지만 노인이 백세이시든 이백세이시든 통증과 고통이 따르면 반드시 그 고통을 줄여주도록 노력하여야 할 우리의 의무가 있다고. 더욱이 노인을 다중으로 모시는 시설의 대표와 종사자들은 이러한 기본적인 인권교육을 의무화 하고 있습니다.

저는 매번 종사자들에게 인권의 정의에 대해 이야기할 때 "인권이란 인간이기에 갖는 본질적이고 선천적인 권리로서 인간이 그 자체로서 존엄성을 인정받고 인간답게 살아가는데 필요한 모든 권리다."라고 설명하였습니다. 인간이 인간답게 살아가기 위해 고통을 줄여주어야 하는 것은 기본적인 권리 일 것입니다.

판사님 상기 사건에 대해 사회복지인으로써 간곡히 부탁을 드립니다. 우리사회가 좀 더 인권에 대해 민감해 질수 있도록 현명한 판단을 내려주시길 간곡히 부탁드립니다.

지금의 ‘일붕’이 있기까지

내 과거를 묻어주세요.

우리는 완전한 돌봄을 할 수 있을까?

작은 불꽃의 기적

/

정선남

정
선
남

지금의
'일붕'이 있기까지

영정사진과 유품들을 머리맡에 가지런히 정리해놓고

두 분이 손을 꼭 잡은채 살던 모습 그대로 돌아가셨다.

1996년 4월, 공사업자들 간의 분쟁으로 지루하고 길었던 공사가 끝나고, 드디어 유료양로시설인 일붕실버랜드의 문을 열었다. 하지만 본인이 돈을 내고 복지시설에 들어간다는 인식이 거의 없던 시절이라 실버랜드는 문을 열자마자 휴업 상태에 들어갔다. 그런데도 기본적인 인건비, 관리비, 건축비 대출이자까지, 하루하루를 겨우 버티고 있었다.

그런데 설상가상으로 그다음 해에 IMF 외환위기가 왔다. 자식들 먹고살기도 힘든데 부모가 돈을 내고 실버타운에 입소한다는 것은 상상도 할 수 없는 일이었다. 게다가 이미 입소해 있던 분들까지 자식들의 회사 운영이 어렵다며 입소 보증금을 찾아 나가기 시작했다. 암담한 상황이었다.

연기금을 대출받아 건축을 시작했거나 완공하여 개원을 준비 중이던 시설들이 속속 문을 닫는다는 소식이 매일 들려왔다. 더욱 위기감이 몰려왔다. IMF 위기는 쉽게 회복될 것 같지 않았다. 우리 시설은 도시와 멀리 떨어져 있어서 아무리 홍보를 해도, 와서 둘러보고는 어르신이 적어서 썰렁한 분위기 탓인지 선뜻 결정을 내리지 못 하고 돌아가기가 일쑤였다. 특단의 대책으로 일단 몇십 명이라도 사람 사는 냄새가 나도록 보증금 없이 월 생활비 30만 원으로 서너 달 살아보고 결정하라는 전략을 세웠다. 일단 보증금 떼일 염려가 없어지니 한 사람, 두 사람 들어와서 살기 시작했다. 방 100개에 50명이 입소하자 서서히 생활 형태가 갖춰지기 시작했다. 그렇게 IMF 위기를 겨우 모면하고 있을 무렵, 생각지도 않게 한 방송에 우리 시설이 소개되었다. 2000년 ○○월, 모 방송국의 고발 프로그램에서 '중산층 노인, 갈 곳이 없다' 라는 내용으로 서울 파고다 공원에 모여드는 어르신들의 모습과 수억 원의 보증금과 월 이삼백 만 원을 부담해야 하는 실버타운들을 질타하면서 평생 5천만 원만 내면 평생을 보낼 수 있는 곳이 있다며 우리 시설을 자세하게 소개하게 된 것이다. 방송의 위력은 실로 대단했다. 그다음날부터 업무가 마비될 정도로 문의 전화가 폭주했다. 입주가 전부 완료된 것은 물론, 방이 모자랄 정도였다.

하지만 처음부터 자금이 부족한 상태에서 시작했던 터라, 5년 만에 대출원금과 이자를 모두 상환하고 나니 또 살길이 막막해졌다. 대기자를 받아놓은 상태에서 방 30개를 증축하여 입주까지 완료가 되었다. 하지만 비교적 건강한 남녀 어르신 120여 명이 공동생활을 하다 보니 생각지도 못한 문제들이 생기기 시작했다.

1인 1실을 사용하다 보니 방에서 무슨 일이 일어나는지 몰라 늘 마음 한구석이 불안했던 게 사실이었다. 아침에 식사하러 나오지 않아 문을 열고 들어가 보면 돌아가셨거나, 심지어 자살하신 경우 등 비상 장치로는 도무지 해결할 수 없는 일들을 매번 겪게 되었다.

꽤 오래전의 이야기이긴 하지만 90살 된 할머니 혼자서 입주하겠다고 찾아왔다. 나이 90이 됐으니 살면 얼마나 살겠냐고 입소금을 깎아달라 떼를 썼다. 할머니 성화에 못 이겨 할머니 말씀대로 해 드렸는데 무려 101살이 되어서야 돌아가셨다. 돌아가실 때까지 매우 정정하셔서 병원 근처에는 가보지도 않았다. 그날도 병원에 안 가려고 하셔서, 걱정되는 마음에 나는 할머니와 함께 한 이불을 덮고 잠이 들었다.

한밤중에 깨어보니 할머니는 이미 돌아가신 상태였다. 장례식장에 연락해놓고 운구차가 올 때까지 잠시 누워 있겠다는 것이 그대로 또 잠이 들었나 보다.

장례식장에서 온 직원과 내가 같이 할머니를 들것에 들고 나가는 모습을 지켜본 옆 침대 할머니가 다음날 관장이 돌아가신 할머니와 함께 잤다고 소문을 냈다. 졸지에 시체와 함께 잔 여인이 돼 버렸다.

또 한 번은 인천에서 온 노부부였는데 젊었을 때 보일러 설비 일을 하셔서 보일러 할배라 불리었다. 20년이 지나도록 잘 사셨는데 할머니의 치매 증상이 점점 심해지기 시작했다. 당시 두 분 다 당뇨병을 앓고 있어 관리하고 있었다. 일주일 정도 인천에 다녀온다고 나가신 분들이 인천 따님네 안 가신 것을 알게 되었다. 비상키로 방문을 열고 들어간 순간 아연실색했다.

영정사진과 유품들을 머리맡에 가지런히 정리해놓고 두 분이 손을 꼭 잡은 채 살던 모습 그대로 돌아가셨다. 그동안 20년 가까운 세월 동안 너무 행복하게 잘 살았노라고 나에게 고맙다는 편지를 남겨놓은 채, 두 분 만의 여행을 떠나신 것이다.

두 분을 모시고 읍내 병원 응급실로 달렸다. 응급조치가 이루어지고 한 분은 대학병원으로 다시 이송되고… 아무튼 긴박했지만 그땐 두 분 다 살릴 수 있었다.

그리고 그 후부터는 외박, 외식하러 나가시는 분들을 꼭꼭 챙기게 되었다.

마침내 연기금으로 빌린 돈을 5년 만에 모두 상환하고 2002년 5월 드디어 사회복지법인을 설립하고 2005년부터는 지역사회 노인들을 돌볼 수 있는 가정봉사원 사업을 시작하게 되었다. 처음에는 별도의 건물 없이 일붕실버랜드에 사무실을 두고, 더부살이했다. 실버랜드 주방에서 도시락을 준비하고, 목욕차량의 물도 실버랜드에서 정수한 물을 싣고 나가서 거동이 불편한 재가 어르신들 목욕봉사를 하고 다녔다. 그 후 장기요양보험제도가 도입되면서 너도 나도 목욕차를 사서 사업을 시작했다. 그동안 공동모금회에서 받은 차로 이동목욕을 하던 시절과는 너무나 다른 상황들이 펼쳐졌다. 한 사람의 목욕대상자를 수입사업의 대상자로 생각하는 인식이 만연해졌다. 그때까지 우리 지역에 목욕차라고는 1대 밖에 없었는데 좁은 지역에서 대여섯대의 차량이 경쟁하게 되고 복지인식에도 많은 변화를 가져왔다.

노인복지패러다임 변화에 따라 법인 노인복지사업의 궤도수정이 필요했다. 장기요양등급자를 모실 수 있는 요양원을 만들고 주간보호 사업도 시작했다.

이동목욕차는 다른 개인 기관들이 서로 하려고 하였기 때문에, 우리는 이동목욕이 필요한 요양등급 외의 사람들이나 오지의 취약주민을 대상으로 무료 이동목욕을 진행했다.

우리 법인의 모체가 할 수 있는 유료양로시설은 여전히 어렵게 운영을 하고 있지만 비교적 저렴한 비용 덕분인지 전국에서 꾸준히 입주자가 들어와 너무나 다른 성향을 가진 100여 명의 어르신들이 오늘도 아웅다웅 한솥밥을 먹으며 살아가고 있다.

내 과거를
묻어주세요

엄청난 비밀을 혼자 삭히기에는

너무 벅찬 일이었던 것 같다.

…삐그덕.

조심스럽게 상담실 문이 열렸다. 누군가에게 들키면 안 되기라도 하듯 주위를 살피며 살그머니 들어오는 낯선 할머니의 표정이 심상치 않았다. 어렵게 들인 걸음은 상담실 소파 끝자락에 겨우 안착하였다. 우리 시설에 계신 분들은 기초수급자는 아니지만, 형편이 썩 좋지는 않은 일반 노인들이 입소하는 실비 양로시설이다. 편할 이유도 없지만 불편할 이유도 없건만, 조심스러운 할머니의 모습이 안쓰러웠다. 따뜻한 차 한 잔을 나누면서, 할머니의 마음이 조금 누그러지길 기다렸다. 이런저런 세상 이야기, 건강 관련 이야기들을 주고받으니 그제야 좀 안정이 되셨는지 천천히 본인의 이야기를 들려주셨다.

할머니의 신변에 관한 이야기들을 차분히 주고받던 중, 한 가지 약속을 꼭 해달란다. 긴 인생을 살면서 비밀 하나 없는 사람이 어디 있을까? 약속 하나가 어려울까 싶어 그러겠노라 답하니 그제야 본인의 어려운 이야기를 꺼내놓으신다. 할머니가 지키고 싶던 비밀은 할머니의 과거 이야기였다. 일제강점기에 위안부로 갔다 온 사실을 본인 돌아가실 때까지 비밀로 해 달라는 것이었다. 당연히 그러겠다고 약속을 하면서도, 무료로 갈 수 있는 시설이 있는데 굳이 이곳까지 오셨냐고 여쭀더니 아무도 모르는 곳에서 살다가 여생을 마치고 싶단다. 일단 할머니에 관한 사실은 비밀로 해 드리기로 하고 그날부터 우리 시설에서 함께 생활하게 되었다. 전입신고를 하고 얼마 후 일본군 강제위안부 관련 단체에서 할머니를 만나러 방문하겠다는 연락을 받았다. 할머니의 바람대로 다른 어르신들이 눈치 못 채게 먼 친척이 찾아온 것처럼 해서 1년에 한 두 번의 방문이나 관리 차원의 협조를 해 주게 되었다.

위안부 생활 후 일본에서 일본인과 결혼을 하고 그사이에 아들도 하나 있었다며 늘 아들 얼굴 한 번 보기를 소원했다. 마음 같아선 시간을 내어 할머니를 모시고 일본에 가서 아들을 만나게 해주고 싶었다. 그러나 할머니 말씀에 따르면 일본에 있을 때도 아들이 어머니 보기를 원하지 않았다고 했다. 또 아들의 주소를 모르기 때문에 일본에 간다고 해도 아들을 찾을 길이 막막할 것 같았다. 하나의 비밀을 공유한 탓이었을까? 사정 모르는 남들이 보면 엄마와 딸 같다고 할 정도로 친근하게 세월을 보냈다. 할머니의 연세가 90이 될 때까지도 함께 하였는데, 연세 탓에 몸이 안 좋아도 병원 가기를 무척 꺼리셨다. 할머니의 의중을 존중하여 돌아가시던 날도 병원에 가지 않고 본인이 살고 계시던 방에서 임종을 맞이하게 되었다. 할 수 있는 건, 할머니의 평소 부탁대로 돌아가실 때 손을 꼭 잡아드리는 것뿐이었다.

장례식장 앞에는 여성가족부 장관이 보낸 3단 화환만이 덩그러니 식장을 지키고 있었다. 조문객 하나 없는 할머니의 쓸쓸한 빈소를 함께 지내던 어르신들과 지키며 삼일장을 치렀다. 장례식이 끝나고 우연한 기회에 이야기가 나왔는데, 할머니가 위안부로 갔다 온 사실을 대부분의 어르신들이 이미 다 알고 있는 것이었다. 할머니 본인에게서 들었다고 하시는데 모두 혼자만 아는 것처럼 비밀을 지키고 다른 사람들과 이야기하지 않았던 것이다. 할머니도 본인이 젊은 시절에 겪었던 엄청난 비밀을 혼자 삭히기에는 너무 벅찬 일이었던 것 같다. 그래서 '그대만 알고 있어라' 하고 몇 사람에게 얘기한 것이 모두가 본인만 아는 줄 알고 비밀을 지켜주었던 것이다.

본인의 잘못도 아닌데 그 긴 세월 동안 아픈 상처를 안고 살아온 할머니는 얼마나 힘드셨을까? 할머니, 하늘나라에서는 비밀을 지키려고 애쓰지 마시고 편히 사십시오. 절대 할머니의 잘못이 아닙니다. 할머니 부디 그곳에서는 편히 계세요.

우리는
완전한 돌봄을 할 수 있을까?

근본적인 해결책 없는

불완전한 미봉책들

어느 가을이었다. 가정봉사원파견센터에서 아침 업무를 보고 있을 때 전화가 울렸다. 휴대전화를 받자마자 울음 섞인 다급한 목소리였다. 앞뒤를 알 수 없는 말들이 들려왔다. 취약 노인들의 가정을 방문하는 우리 선생님 목소리 같아서 일단 심호흡을 시키며 진정하도록 했다. 이야기를 들어보니 사회성 장애가 있는 아들과 사는 김 할머니 댁을 방문했는데, 헛간에서 아들이 할머니 옷을 벗겨 놓고 성폭행을 하고 있더라는 것이었다. 그 모습을 목격하고는 혼비백산 하여 도랑에 흐르는 물을 손으로 퍼먹고서야 겨우 나에게 전화를 건 것이다.

일단 격리해야 겠다 싶어서 직원과 함께 출동했다. 다른 직원이 할머니의 자녀들에게 연락하여 그 아들을 병원에 입원시키도록 하고, 필요한 행정조치들을 취하는 사이, 할머니를 차에 태워 우리 시설의 긴급쉼터로 모셔왔다. 김 할머니께 이것저것 묻자 경증치매가 있는데도, 아들의 허물을 감추려 애쓰는 모습이 역력했다. 한 두 번 당한 일이 아닐 텐데, 여전히 자식을 감싸려는 모습에 가슴이 아려왔다.

임시 거처인 요양원에서 식사도 잘하시고, 깨끗한 옷을 입고 있으시면서도 마음은 여전히 불편하신 듯하다. 아들을 걱정하는 것일까? 아니면 그동안 이런 아들을 남편처럼 의지하고 살았던 것일까? 할머니를 보면서 알 수 없는 불편함이 엄습해왔다.

이 땅의 많은 부모가 자녀들로부터 폭언, 폭행 등 학대를 당하면서도 학대라는 것조차 인식하지 못할 뿐만 아니라, 자식이 처벌받는 것을 더 두려워한다. 이런 분들을 어떻게 교육해야 하나 하는 생각에 암담함이 몰려왔다. 노인복지,

재가노인복지 현장에서 이런 일들을 마주할 때마다 고민이 깊어진다. 마음이 더 무거운 까닭은 근본적인 해결책이 없기 때문이다.

이 경우도 결국 할머니 본인이 원하여 집으로 되돌아갔다. 같이 살던 아들을 잠시 정신병원에 입원시키고, 멀리 있는 큰아들이 다녀가는 것으로 미봉책을 세웠다. 하지만 정신병원에서 퇴소한 아들은 다시 할머니와 함께 사는 상황이 되었다.

우리 사회에 이런 학대와 범죄는 알게 모르게 계속되고 있다. 멀리 있는 가족에게 신경 써 줄 것을 신신당부해 보았지만 누가 그 가정을 24시간 지켜보며 케어를 할수 있겠는가? 불편한 마음이 내도록 가시지 않는다. 그나마 최근 커뮤니티케어 정책준비가 한창이라는데, 그 정책에 희망을 걸어봐도 좋을까? 여전히 마음 한쪽은 불편할 뿐이다.

작은 불꽃의 기적

시작이 어렵지,

막상 해보니 길이 있었다.

2005년, 재가노인복지를 시작한 지 얼마 되지 않았을 때의 일이다. 어느 무더운 여름날, 가정봉사원 파견사업 대상자였던 송 할머니 댁에 찾아갔더니 못 보던 아이 셋이 와 있었다. 할머니는 머리를 싸매고 드러누워 끙끙 앓고 계셨고, 세 살, 다섯 살, 여덟 살 손주들은 마당에서 신나게 뛰어놀고 있었다.

할머니께 자초지종을 여쭤보니, 인근 도시에서 가정을 꾸리고 살던 아들이 자살했고, 며느리는 집을 나가버려서 보살필 사람이 없어 손주들이 갑자기 집으로 오게 됐다는 것이다. 할머니 댁 마당에는 잡초가 무성하고 화장실은 마당 끝에 재래식 화장실이 있어 아이들이 거주하기 어려워 보였다. 부엌 역시 옛날식이라 꼬부라진 허리로 겨우 밥솥에 밥을 끓여 드시고, 우리 시설에서 일주일에 2번 가져다드리는 반찬으로 겨우 지내는 형편이었다. 생활환경도 이렇게 열악한데, 혼자서 어린 손주 셋을 돌봐야 한다는 사실에 걱정스러운 나머지 마음의 병이 몸으로 온 것이다.

우리는 일단 집 안팎의 환경을 점검하고, 직원 및 주변 관계자들과 긴급회의를 열어 쉬운 것부터 하나씩 차근차근 문제를 풀어나가기로 했다. 한여름인데 안방 모기장이 다 찢어져 아이들 온몸에 모기에게 물린 자국이 그득했다. 당장 모기장을 새로 달고, 네 사람이 먹을 수 있도록 반찬 양을 늘렸다. 무엇보다도 아이들이 쓸 수 있는 화장실로 바꾸는 것이 급선무였다. 처음에는 재래식 화장실을 수세식으로 바꿀 계획을 세웠지만, 설비 문제가 만만치 않았다. 고민 끝에 부엌 뒤쪽에 작은 공간을 수세식 화장실로 만들기로 했다. 정화조는 마당에 묻으면 됐지만, 급수와 하수 배관 설치를 위해 굴착기가 필요했다. 주변 공사장과 연결된 중장비회사에 부탁하여 구덩이 파는 날과

덮는 날, 두 번 공사를 해주기로 했다. 그런데 정작 공사하는 날 마당 안으로 장비가 들어와야 하는 데, 이웃집 담장에 걸려서 진입 자체가 어려웠다. 부랴부랴 동네 이장님과 이웃집 주인에게 사정사정하여 담장을 다시 쌓아주기로 약속하고, 허문 다음에야 일을 진행할 수 있었다. 고맙게도 공사 소식을 들은 면사무소 직원들이 변기와 세면대 등을 후원해 주었다. 배관은 평소 알고 지내던 배관 기술자에게 부탁하여 이틀간 무료로 봉사를 해주었다. 배관을 하고 타일을 붙이고 시멘트 작업을 하는 것도 예삿일이 아니었다. 방 도배와 마당의 잡초들은 우리 실버타운 봉사자들이 팔을 걷어붙이고 4일에 걸쳐 작업한 끝에 깨끗하게 마무리되었다. 그런데 이번에는 주방 싱크대가 문제였다. 나무가 다 썩어서 내려앉아 있었다. 할 수 없이 할머니 딸에게 연락하여 싱크대 하나만 해달라고 어렵게 말을 꺼냈다. 딸도 형편이 넉넉하진 않았지만, 지역에서 모두 힘을 합쳐 돕고 있다는 것을 고마워하며 흔쾌히 응해주었다. 그리고 아이들이 마루에서도 놀 수 있도록 방충망을 설치하자고 이야기를 꺼냈다. 마루 전체에 창틀과 방충망을 설치하는 데만도 비용이 적지 않았다. 하지만 다행히 여기저기서

십시일반으로 방충망값을 모을 수 있었고, 지원해준 자원봉사자 덕분에 인건비도 해결되었다.

관계자들과 회의를 했을 때, 처음의 암울했던 분위기는 점점 희망찬 분위기로 바뀌었고, 다들 용기를 내는 것 같았다. 시작이 어렵지, 막상 해보니 길이 있었다.

방학이라 잠시 잊고 있었던 아이들 학교문제, 학원문제, 전입신고 등은 행정관서의 협조를 얻어 기초생활수급자 신청까지 완료하고 나니 한숨 돌릴 수 있게 되었다. 그리고 쌀과 반찬, 옷가지 등 이웃들의 작은 온정이 이어졌고 사회단체들도 관심을 두기 시작했다.

머리를 싸매고 누웠던 할머니는 일어나서 병원에도 다니시고 아이들 밥도 챙기기 시작했다. 무엇보다 마당 끝에 있던 재래식 화장실을 없애고 집안에 새로 만든 화장실이 아이들에겐 가장 큰 생활의 기쁨이었다.

게다가 설비 아저씨의 욕심으로 샤워기까지 부착하여 씻는 것도 훨씬 편리해졌다. 여전히 걱정은 많았지만 그래도 할머니가 힘을 내어 버티는 모습이 열악한 환경에서 일하는 우리에게 힘이 되어 주었다. 아이들이 천진난만하게 뛰놀고 있는 모습을 보면서 우리는 저 아이들이 자라서 건강한 어른이 될 때까지 필요한 관심과 돌봄을 지속하리라 다짐했다.

할머니 댁 사례를 통해 앞날이 막막했던 한 가정이 우리의 작은 노력으로 살아갈 수 있게 되는 것을 직접 보고 느끼게 되었다. 작은 불꽃 하나가 큰불을 일으키고, 주변 사람들이 그 불에 몸을 녹이듯이 작은 손길들이 모여 큰 열매를 맺은 것 같아 마음 한쪽이 따스해졌다.

요즘엔 지역사회에서 여러 기관과 단체들이 이런저런 봉사를 많이 하고 있다. 그러나 한 가정과 한 인간이 건강하고 행복하게 되기까지 지속적인 관심을 가지고 사례관리하긴 건 쉽지 않다. 노인들도 아이들도 늘 변하기 때문이다. 어렵고 힘들지만, 그 변화에 맞춰 우리도 끊임없이 변화하는 복지를 해야 할 것이다. 직접적인 경험을 통해 맛 본 성취감을 발판삼아 앞으로도 꾸준히 변화하는 복지를 하기로 글을 통해 홀로 다짐해 본다.

대원노인복지센터의 어제와 오늘

100세 인생을 향한 아름다운 동행

/

조옥자

조옥자

대원노인복지센터의 어제와 오늘

"모든 국민은

인간다운 생활을 할 권리를 가진다."

대원노인복지센터는 2000년 당시 저소득층이 많고, 사회적 고립도가 심각했던 광주 월산동 주택가에 문을 열었다. 평균수명이 늘어나면서 어르신들은 점차 가족과 사회로부터 격리되어 빈곤, 질병, 고독, 역할상실 등 4고(苦)로 고통받고 있었다. 어르신들의 삶의 질을 높이고, 사랑과 나눔을 실천하는 밑거름이 되고 싶었다. 당시 나는 40대 후반이었지만 내 머릿속에는 나의 노후생활에 대한 청사진이 항상 자리하고 있었다. 나이가 든 후에도 일방적인 수혜자가 아니라 적극적으로 복지에 참여하는 주체가 되고 싶었다. 그래서 모든 것에 '노후의 노인복지 주인공은 나다' 라는 생각으로 임했다.

센터 초기에는 사회서비스나 정부 기관 등에 대해 잘 알지 못하여 어르신들이 동사무소의 행정 업무를 보러 센터를 찾아오시는 등 웃지 못할 에피소드들도 많았다. 가정봉사파견사업이라고는 하지만 처음에는 모두 무보수로 어르신들을 섬겼다. 봉사자들은 50대 이상의 전업주부가 가장 많았고, 나이가 많은 어르신들도 몇 분 계셨다. 작은 규모로 시작했고, 특히 저소득층 독거 어르신들을 주로 돌보았기 때문에 안팎으로 상황이 열악한 것이 사실이었다. 하지만 2005년 9월 노인장기요양보험제도 시범사업으로 선정되면서 노인장기요양사업, 노인바우처사업, 노인일자리 및 활동지원사업, 김장김치 나눔 등 본격적인 활동을 펼치기 시작했다. 그리하여 지금은 100여 분의 어르신을 돌보고 있고, 노인일자리 및 사회활동지원사업에 참여하시는 어르신 400여 분께 작게나마 서비스를 제공해 드리고 있다. 대원노인복지센터는 어르신들이 지역 내에서 행복한 노후를 보내실 수 있도록 힘쓰고 있다. 무엇보다 어르신들께 일차적인 서비스를 제공하는 요양보호사들을 체계적이고 철저하게 교육하여 전문성을 높이고, 이를 바탕으로 가정에서 편안하고 안정적으로 서비스를 받을 수 있게 지원하고 있다. 거동이 불편한 어르신들이 외출할 때는 동행해드리고, 집안에서도 거동하기 불편한 분들께는 어르신 상태에 맞는 복지용구를 연계해 드린다. 방문목욕, 방문간호, 무료 도시락 지원 등 어르신 한 분 한 분을 위한 맞춤형 서비스를 제공하기 위해 노력하고 있다.

우리 센터는 선진 기관을 벤치마킹하고, 전 직원이 함께 사례관리 및 회의에 심혈을 기울이는 등 요양보호사는 물론, 사회복지사, 센터장에 이르기까지 전 직원이 한마음으로 어르신을 가족처럼 모시기 위해 최선을 다하고 있다.

대한민국 헌법 제34조 제1항에 "모든 국민은 인간다운 생활을 할 권리를 가진다."는 규정처럼, 가장 기본적이고 가장 중요한 권리, 인간다운 권리가 실현될 수 있도록 어르신들의 삶의 질을 높이고, 사회 속에서 행복한 삶을 누릴 수 있도록 지원하는 복지사업을 앞으로도 계속 이어나갈 것이다.

100세 인생을 향한
아름다운 동행

친구를 넘어 서로가 없으면 살 수 없는,

이제는 가족보다도 더 각별한 사이가 되었다.

이○○ 어르신은 2000년 1월, 우리 복지관에 처음 찾아오셨다. 건강프로그램(물리치료, 재활치료, 한방 치료 등)에 참여하시기 위해 매일 버스로 1시간 정도의 먼 거리를 오가면서도 힘들다는 말 한마디 없으셨다. 키도 크고 풍채도 좋으신 데다 점잖고 인상도 좋으셔서 다른 어르신들에게도 인기가 많던 분이었다. (어느 날은 어쩜 그렇게 인상이 좋으신지, 항상 웃는 얼굴이 멋지다고 말씀드렸더니 어르신은 조심스레 속사정을 꺼내놓으셨다. 어르신의 아드님이 복지관의 물리치료사로 일하셨는데 매일매일 어르신도 아드님을 보러 방문하셨고 나도 매일 복지관 라운

딩을 하며 자연스럽게 어르신과 친해지게 되었다.)

어르신은 슬하에 아들만 다섯을 두고 있었다. 하지만 지금은 모두 타지에서 생활하고 있었고, 아내와도 30년 전에 사별하여 주택에서 홀로 생활하고 계셨다. 처음에는 집 마당의 작은 텃밭에 매달려 하루하루를 힘겹게 보내셨다고 한다. 그러다가 우리 센터의 프로그램을 알게 되어 즐겁게 참여하고 있다고 고맙다고 말씀하셨다. 그렇게 활짝 웃는 얼굴 뒤에는 무료하고 외로운 시간을 견디는 본모습이 숨어 있었던 것이다. 그런 사정을 알게 된 후 나는 어르신에게 딸이 되어드리겠다고 마음을 먹었다. 그래서 좋아하시는 막걸리를 사 들고 어르신 댁을 여러 번 찾아가기도 했다.

그렇게 5년이 흘렀고, 우리 센터는 2005년에 광주광역시 남구 최초로 가정봉사파견사업 시범기관으로 선정되었다. 처음에는 무엇을 어떻게 시작해야 할지 몰랐지만, '나는 노후에 누구와 어떻게 살아가고 싶은가?' 라는 생각을 바탕으로 몇 가지 아이디어를 떠올릴 수 있었다. 일단 가정에서 서비스를 받을 대상자를 선발했다. 혼자 살고 있는 남자 어르신들을 우선 선발했다. 이○○ 어르신을 1호 대상자로 선정하고, '어르신에게 어떤 친구가 필요할까?'하고 생각하면서 광주 남구에 사는 심신이 건강한 사람 중에 자원봉사자들을 물색하기 시작했다. 그때 어르신과 함께 프로그램에 참여했던 김○○ 어머니가 떠올랐다. 이○○ 어르신보다 13살이 적었지만 진짜 친구처럼 친하게 지내시던 분이었다. 김○○ 어머니께 사정을 말씀드렸더니 흔쾌히 파견 일을 수락하셨다. 그렇게 김○○ 어머니는 김 요양보호사가 되셨다. 김 요양보호사와 함께 이○○ 어르신 댁에 처음 방문하던 날이 지금도 눈에 선하다. 두 사람은 마치 이산가족이라도 만난 듯 서로 얼싸안고 좋아하며 흥분을 감추지 못하셨다. 이○○ 어르신은 가정봉사사업이 무엇인지도 몰랐지만, 그냥 집에 정다운 사람이 온다는 것 자체만으로 행복해하셨다. 그 시절에 혼자 사는 남자 어르신 댁에 여자 봉사자가 가는 일은 처음이었기 때문에 내심 걱정하는 바가 있었지만 두 사람은 그런 기색이 전혀 없었다.

김 요양보호사는 40분가량 버스를 타고 출퇴근을 해야 하는 데도 전혀 힘든 기색이 없이 즐겁게 어르신들 돌보았다. 그 후로 이○○ 어르신은 아침이 빨리 오기를 손꼽아 기다리게 되었고, 헤어질 때마다 아쉬워서 손을 꼭 붙잡고 놓질 못하신다고 했다. 아침 8시에 어르신 댁에 가셔서 아침을 챙겨드리고 쌓인 집안일을 한 뒤, 12시에 점심과 저녁을 함께 장만한다. 김 요양보호사는 어르신이 좋아하는 닭고기나 개고기, 국과 텃밭의 싱싱한 채소를 곁들인 밥상을 18년 동안 하루도 빠짐없이 챙겨오셨다. 두 사람은 친구를 넘어 서로가 없으면 살 수 없는, 이제는 가족보다도 더 각별한 사이가 되었다. 특히 김 요양보호사는 2016년에 남편과 사별했지만, 어르신이 있었기에 슬픔과 상실감을 비교적 빨리 떨쳐버릴 수 있었다고도 했다.

어르신의 나이는 올해로 91세. 나이를 한 살 한 살 드실 때마다 사람들은 건강에 대해 걱정했지만, 김 요양보호사도 나도 어르신이 100세까지는 거뜬하실 거라고 자신한다. 이○○ 어르신은 일요일마다 5층에 있는 교회 계단을 걸어 올라갈 정도로 건강하고 정정하시니 말이다. 18년 전이나 지금이나 어르신은 한결같으시다. 달라진 것이 있다면 얼굴에 새로 생긴 굵은 주름과 백발 정도랄까. 어르신의 건강 비결은 김 요양보호사의 정성 어린 돌봄과 서로에 대한 신뢰가 아닐까? 어르신이 100세가 될 때까지 아니 그 이상으로, 최대한 오래오래 두 사람의 아름다운 동행이 계속 되기를 바라고 또 바란다.

노인복지는 내 운명!

봄날은 간다

여보시오, 거기 누구 없소?

외로움을 견디는 힘

/

황인옥

황인옥

노인복지는
내 운명!

내 목표는 오직 하나,

모든 사람이 편안하게 살 수 있는 세상을 만드는 것이다.

이제 와 돌아보면 내가 살아갈 길은 태어날 때부터 운명처럼 이미 정해져 있었던 게 아닐까 하는 생각이 든다. 나의 부모님, 내가 나고 자란 환경, 형제들이 내게 준 영향, 이삼십대에 처하게 된 상황, 만난 인연 등 지금 이 일을 하도록 예비하신 신의 뜻이 있었다고 고백하지 않을 수 없다.

나는 20대에 일본에서 일하며 익힌 일본어와 일본인 친구들, 전자현미경을 다루는 기술 등을 재산 삼아 대전 대덕

연구단지 표준연구원에서 일하며 행복한 삶을 일궈나가고 있었다. 어머니가 몸져누우시기 전까지.

어머니는 한국전쟁이 일어나고 1·4후퇴 때 평양에서 진해로 피난을 와서 평생을 사신 분이었다. 결혼 후 서른넷에 혼자되어 5남매를 기르셨고, 예순에 중풍과 치매로 와병 생활을 시작하여 막냇동생네 집에서 서른도 되지 않은 올케의 병시중을 받으며 지내다가 3년 만에 돌아가셨다.

그 3년 동안 매주 금요일 대전에서 진해로 어머니를 만나러 갔다. 심신이 지쳐 힘들어하는 젊은 올케를 위로하고, 어머니를 목욕시키고, 수발을 들다가 월요일이면 얼굴이 해쓱한 올케에게 어머니를 다시 맡기고 대전으로 출근하는 생활이 계속됐다. '어머니가 빨리 돌아가셨으면, 아니 빨리 돌아가시지 않아도 좋으니 언제 돌아가실지 알기만 해도 좋을 텐데…….' 하고 생각하다가도, 그런 내 모습에 소스라치게 놀라 다시 정신을 다잡는 일이 매주 반복되었다.

그러다 그토록 바라던 어머니의 죽음을 맞게 되었다. 전화 연락을 받고 내려가면서 수많은 생각이 나를 괴롭혔다.

어머니가 누워계신 방에 들어가서 죄책감과 후회가 통곡이 되어 나오는데, 갑자기 코피가 덩어리째 쏟아지기 시작했다. 문상객들이 놀라 딸까지 죽게 생겼다며, 겨우 말려서 잠시 울기를 멈추면 거짓말처럼 코피도 멈췄다. 몇 번을 반복하다가 문득 '어머니의 죽음을 그토록 바란 나 같은 죄인은 울 자격도 없다' 는 생각이 들었다. 한 달 뒤에는 밤에 어머니가 나타나 '나는 죽기 싫었는데 네가 하도 죽으라고 해서 죽었다' 며 내 목을 조르는 꿈까지 꾸게 되었다.

그 후로 나는 노인복지에 눈을 돌리게 되었다. '왜 우리에게는 노인을 위한 제도가 없는가?, 다른 자식들이 나 같은 죄인이 되지 않도록 하려면 무엇을, 어떻게 해야 할까?' 를 고민하기 시작했다. 고민 끝에 노인복지 특히 노년에 질병으로 고통 받는 어르신과 수발로 고생하는 가족들에게 케어 기술을 익혀서 알려주고 싶다는 열망을 갖게 되었다.

그때 내 사정과 고민을 알고 있던 한 일본인 친구가 일본에 케어복지사라는 자격을 주는 전문대학이 있으니, 자격을 취득해서 원하는 활동을 펼쳐보라는 권유를 해왔다. 그렇게 40대에 일본 유학을 결심하게 되었다. 연구원 후임 문제로 계획보다 반년 이상 늦어졌지만, 통·번역이 가능할 정도의 일본어 실력과 일본인 친구들의 신분 보장으로 유학생활은 순탄했다. 공부하면서 내가 노인에 대해 얼마나 무지했으며, 다른 사람들 역시 무지해서 늙은 부모를 이해하지 못 하고, 서로 오해하고 힘들어하고 있다는 현실에 눈을 뜨게 되었다. 그래서 졸업과 동시에 귀국할 수 있도록 만반의 준비를 마치고, 대전 시청의 노인담당 공무원에게 이력서와 자기소개서를 보내서 내가 하고 싶은 일, 특히 부모님의 질병으로 인해 나처럼 자녀들이 죄인이 되지 않도록 도움을 주는 일을 하고 싶다고 취업신청을 하게 되었다.

이를 계기로 1996년 5월 사회복지법인 선우복지재단 대전노인요양원의 부설기관인 재가복지센터에서 노인복지로의 첫 발을 내디뎠고, 다음 해 24시간 시설은 단기보호센터에서 어르신들과 함께 지내게 되었다. 특히 가족들에게 힘들고 괴로운 일이 생기면 한밤중에라도 전화로 위로해주고 힘이 되어주려 노력했다.

노인과 그 가족들의 어려움을 대변하는 활동을 하려면 한국의 노인복지에 대해 더 깊이 알아야겠다는 생각으로 야간대학 사회복지학과에 편입하여 다시 공부도 시작했다.

이후 우리 법인 산하의 전문요양원, 임마누엘실버홈의 초대원장을 시작으로 대전노인요양원 원장, 선우노인복지센터 센터장으로 활동하다가 2018년 3월에 정년퇴임을 하게 되었다. 그리고 드디어! 그토록 꿈꿔왔던 지역 어르신들과 가족들을 돕는 황인옥 치매케어 연구소(사단법인 한국사회적기업연구회 부설)를 개원하게 되었다. 내 목표는 오직 하나, 모든 사람이 편안하게 살 수 있는 세상을 만드는 것이다. 오랫동안 살아왔던 지역에서 남은 삶을 편안하게 보낼 수 있도록 어르신과 그 가족들에게 치매관련 상담은 물론, 교육, 국내외(일본) 연구 협력사업, 정보교류 사업 등을 펼치고 있다. 하지만 동네 어르신들과 사무실 앞 평상에 앉아 세상 사는 이야기며 살아온 이야기를 나누는 일도 소홀히 하지 않고 있다.

그런데 얼마 전부터 어르신들이 '노인네들한테 돈도 안 받으면서 커피를 주는데 그 돈은 어디서 마련하는지, 사무실 임대료는 나라에서 대 주는지, 돈도 안 되는 이 일을 왜 하는지' 나를 걱정하며 물으신다.

그러면 나는 '몇 십 년 열심히 돈 벌며 살았으니, 이제 지역에 도움 되는 일을 하고 싶다' 고, '커피값, 사무실 임대료는 걱정하지 마시고 오래오래 사시면서 저랑 이렇게 이야기 나누며 지내자고' 말씀드린다.

시설장으로 일할 때도 보람이 있었지만 차 한 잔, 따뜻한 인사 한마디에도 고마워하시는 지역 어르신들을 보면서, '아, 역시 이 일을 하길 잘했다' 하는 생각이 든다.

비록 나의 노인복지는 어머니에 대한 죄책감에서 시작되었지만, 이제는 내가 사는 이유이자 삶의 원동력이 되었다. 사람은 누구나 홀로 살아갈 수 없다. '人' 사람이 서로 기대 있는 모습을 본떠 만든 이 한자처럼 지역주민들을 위해, 또 지역주민들에게 의지하며 또 다른 노인복지 세상으로의 첫걸음을 힘차게 내디디고 있다.

봄날은 간다

이제 조 할머니의 고통스러웠던 세월도, 기억도

쉬이 지나가기를 가만히 바라본다.

"아이고, 속상해. 조 할머니 정말 왜 그러신데? 하다하다 이젠 자기 약까지 몰래 드리니……."

"김 할아버지를 완전히 사육시키고 있어요. 매주 몸무게가 불어나시니 너무 걱정이에요."

직원회의 시간에 조 할머니의 행동에 대한 걱정들이 오고 갔다. 간호사는 조 할머니 한 분만의 문제가 아니라 김 할아버지, 이 할머니, 주변 어르신들에게까지 영향을 준다며 조 할머니에게 좀 더 관심을 가져달라고 직원들에게 간곡하게 당부했다.

우리 임마누엘실버홈에는 연배가 비슷한 김 할아버지와 조 할머니, 이 할머니가 계신다. 세 분 사이에는 매일 싸움이 끊이질 않고 있다. 김 할아버지는 이 할머니가 마음에 드시는지 기회만 있으면 슬그머니 옆자리에 앉으려 하시고, 그러면 조 할머니가 득달같이 달려와 둘 사이를 비집고 앉게 되는데, 그때부터 큰 소리가 오가는 것이다.

더 큰 일은 조 할머니가 양쪽 방을 오가며 이 할머니와 김 할아버지를 감시하느라 밤새 주무시지 않았고, 아침이면 거실에 나와서 "어젯밤에 두 ××이 한방에서 잤는데, 이런 것들을 그냥 내버려 두냐"며 직원들에게 고래고래 소리를 지른다는 것이었다.

그 때문에 입소하실 때만 해도 곱고 여유로웠던 조 할머니는 하루가 다르게 얼굴 표정이 굳어졌고, 식사도 제대로 하지 않아 몸이 말라갔다. 직원들은 이 문제로 몇 번이나 회의했지만 뾰족한 수를 생각해내지 못했고, 조 할머니의 집착은 날이 갈수록 심해졌다.

오늘도 같은 패턴으로 조 할머니는 이 할머니에게 시비를 걸었고 참지 못한 이 할머니가 조 할머니를 밀자 넘어지면서 한쪽 손목이 골절되어 깁스하고 약을 받아오게 되었다. 간호사는 시간에 맞춰 약을 드시게 했는데, 어찌 된 영문인지 조 할머니가 김 할아버지에게 약을 내밀며 몸에 좋은 약이니 드시라며 권하는 모습을 보게 되었다. 깜짝 놀란 요양보호사는 약을 드시려던 김 할아버지를 막았고, 조 할머니가 이를 보고 난동을 부리시는 바람에 센터 전체에 소란이 일게 되었다.

요양보호사는 간호사에게 약 관리를 제대로 하지 않았다고 한마디 했고, 간호사는 직원들에게 조 할머니가 김 할아버지에게 세 끼 식사와 간식까지 다 드리는 것을 내버려 두어서, 2개월 사이에 김 할아버지 몸무게가 6kg이 늘어 거동조차 힘들게 되었다며 조 할머니에게 더 관심을 가져달라고 맞받아쳤다.

이 일이 있은 지 며칠 뒤, 전날 야근을 했던 직원은 아침 조회 때 조심스럽게 조 할머니에게 전문적인 상담이나 치료가 필요한 것 같다면서, 지난밤에 있었던 일을 이야기해주었다.

“밤에 어르신들 잠자리를 살펴드리느라 각 방을 돌아다니는데 목욕실에서 달그락거리는 소리가 나는 거예요. 문을 열어보니 김 할아버지와 조 할머니가 이동식 목욕침

대를 만지고 계셨죠. 깜짝 놀라서 왜 거기 계시냐고 여쭤봤더니 조 할머니가 '여기서 신접살림을 차리려고 방을 만들고 있어' 라며 수줍게 웃으시더라고요."

앞으로 조 할머니가 어떤 사고가 내실지 조마조마하다며 문제행동의 심각성에 관해 이야기 하였다.

조회가 끝난 뒤, 나는 ○○대학 노인전문간호학과 ○○○ 교수님께 이 문제를 상의 드렸다. 교수님은 석사과정 실습지도를 통해 알고 지내던 분으로, 미국에서 치매를 전문적으로 연구하셨던 분이다. ○○○ 교수님은 포커스 그룹 연구방법으로 방법을 찾아보자고 말씀하셨다.

그래서 조 할머니의 유일한 가족인 조카딸에게 전화하여 지금까지의 상황을 이야기하고, 할머니의 행동을 조금이라도 개선할 방법을 함께 찾아보자고 권했더니 수화기 너머로 고맙다며 울먹이는 목소리가 들렸다.

이때부터 교수님은 조 할머니의 조카딸, 원장, 사회복지사, 간호사, 요양보호사, 물리치료사 영양사가 한 팀이 되어 일주일에 한 번, 응접실에서 면담을 시작했다. 당사자인 조 할머니와는 심층 면담을 진행하였다.

첫 회기에 조카딸에게서 놀라운 이야기를 듣게 되었다.

시설 입소 초기면접 때는 전혀 들을 수 없었던 이야기였다.

조 할머니는 열여덟에 옆 마을의 노총각에게 시집을 가게 되었다. 집안 어르신들과 부모님은 그 총각이 얼굴도 잘생겼고, 집도 넉넉해서 밥은 굶기지 않을 것 같다며 결혼을 서둘렀다. 그런데 며칠 후, 조 할머니는 자신이 아이를 낳을 수 없는 본부인 대신 아이를 낳아줄 씨받이로 팔려왔다는 사실을 알게 되었다. 배신감과 충격이 컸지만 어쩔 수 없이 본부인과 함께 살게 되었다고 한다. 2년 뒤 딸을 낳자 조 할머니는 딸을 빼앗기고 집에서 쫓겨나오게 되었다. 이후 딸 가까이에 살면서 딸이 크고 시집을 가는 것을 지켜보며 재혼도 하지 않고 혼자 살아왔다는 것이었다. 딸은 이 사실을 다 커서야 알게 되었고, 고모와 조카딸이라는 관계로 가까이 살면서 친어머니를 조금씩 도와주고 있었다며 눈물을 쏟았다. 딸은 그러고 보니 김 할아버지 얼굴이 돌아가신 아버님과 닮은 것 같다는 말도 했다.

이 시간을 통해 직원들은 조 할머니에 대한 여러 가지 사정을 구체적으로 알게 되었다. 이를 계기로 할머니의 행동을 문제행동 혹은 치매로 인한 이상행동으로 치부하기를 멈추고, 왜 그런 행동을 하시는지 먼저 이해하고자 노력하고 감싸 안으려는 태도를 갖게 되었다.

또한 10회에 걸쳐 진행된 포커스 그룹 연구를 통해 의료적인 약물치료를 병행하지 않으면 할아버지에 대한 집착과 질투심을 조절하기 힘들겠다는 결론을 얻게 되어, 딸과 상의하여 약물치료도 병행하게 되었다.

약물치료를 시작한 지 약 2주가 지나자 조 할머니의 신체적인 움직임이 약간 둔해졌지만, 아무에게나 시비를 걸던 모습이나 김 할아버지에게 집착하는 모습이 거짓말처럼 사라지고 다른 어르신들과 사이가 좋아졌다.

이런 기적 같은 변화에 모두가 평온한 생활을 되찾았다. 어느 날 오후에는 조 할머니와 이 할머니가 노래방기기의 반주에 맞춰 손을 잡고 노래하는 모습도 볼 수 있었다.

연분홍 치매가 봄바람에 휘날~리더라……
꽃이 피면 같이 웃고, 꽃이 지면 같이 울던,
알뜰한 그 맹세에 봄날은 간다.

조 할머니는 치매라는 세계 속 어디쯤에서, 누구를 그리며 이 노래를 흥얼거리고 계시는 것일까? 봄날이 쉬이 지나가는 것처럼 이제 조 할머니의 고통스러웠던 세월도, 기억도 쉬이 지나가기를 가만히 바라본다.

여보시오,
거기 누구 없소?

"내 집에서 늘 만나는 이웃들이 있는 이 지역에서 편히 살다가 잠자듯이 저세상 가는 게 노인네들 꿈이지."

"내 집이 있고, 늘 만나는 이웃들이 있는 이 지역에서 편히 살다가 잠자듯이 저세상 가는 게 노인네들 꿈이지."

"어르신, 시간은 좀 걸리겠지만 언젠가는 꼭 실현될 거예요."

센터 사무실 앞 평상에 앉아 이야기하시는 어르신들에게 나는 포용국가, 커뮤니티 케어의 이상과, 현재 정부가 내놓고 있는 정책들에 관해 설명해드렸다. 하지만 마음 한구석에는 이런 꿈이 실현되려면 얼마나 많은 준비와 노력이 필요할까 하는 생각에 어르신들 몰래 한숨을 내쉬는 나를 발견하곤 한다.

며칠 전, 한 어르신을 상담하면서 국민건강보험공단에 장기요양인정신청까지 해드린 일이 있었다. 이 사례를 통해 우리나라는 사회안전망이 촘촘히 구축되어 있다고들 말하지만, 그래도 현실의 노인복지는 아직도 갈 길이 멀다는 것을 다시 깨닫게 되었다.

○○○ 어르신은 84세로, 보은에서 나고 자라다가 20대에 이웃 마을의 농사꾼과 중매로 결혼하여 슬하에 3남 1녀를 두고 지극히 평범하게 살아오셨다. 땅 한 뼘도 없이 시작했지만 부부가 모두 부지런하여 집과 논밭을 조금씩 늘려가는 재미로 살다가 남편과 50대에 사별하셨다고 한다. 이후 고향을 떠나 대전으로 이사를 오셨다고 했다.

'내 평생 복이 많아 이렇게 지낸다' 며 자랑하시던 어르신 말씀처럼 자녀들도 잘 자라 장남은 대전에, 둘째와 셋째는 서울과 수원에, 딸은 보은에서 각자 가정을 잘 꾸려가고 있었다. 어르신도 별 탈 없이 혼자 생활하시면서 최근에는 주말농장처럼 고향에 사둔 논밭을 큰아들과 오가며 농사에 새로 재미를 붙이셨다. 동네 경로당에서 봉사활동이나 여가활동을 하며 친구들도 많이 사귀셔서 노후 문제는 전혀 걱정할 것이 없는 분이었다.

하지만 얼마 전 센터로 전화가 와서 찾아뵙게 되었다. 어르신은 10여 년 전에 척추에 문제가 있어 3번에 걸쳐 수술을 받으셨다고 한다. 그런데 전혀 낫지를 않고 해가 갈수록 통증이 점점 심해졌고, 3차 수술을 받은 병원에서 처방해준 진통제만 계속 먹고 있는데, 이제는 약도 듣질 않아 혼자 생활하기가 너무 힘든데, 어떻게 하면 좋겠냐며 눈물을 흘리셨다.

그래서 우선 장기요양서비스를 소개해 드리고, 어떻게 서비스를 받을 수 있는지 절차를 설명해드렸다. 가장 가까이에 사는 장남에게도 연락하여 현 상태로는 혼자 생활하시기 힘드니 장기요양보험제도를 이용해보자고 권했다.

전화를 받은 장남은 지난 휴일 만해도 불편해하거나 힘들어하는 기색이 없었는데 며칠 사이에 상태가 나빠지셨느냐며, 그때 왜 자신에게 이야기하지 않았느냐며 서운해하는 마음을 내비쳤다. 하지만 곧바로 보험제도 이용에 대해서는 자신도 잘 모르니 많이 도와달라며 감사와 당부를 해왔다.

전화를 끊고 자식들에게 왜 힘들다는 이야기를 하지 못했는지 여쭈었더니, 그러지 않아도 바쁘고 힘든데 내 걱정까지 끼치고 싶지 않았다며, 큰아들이 지금 형편이 많이 어렵다고 말씀하셨다. 세상 모든 부모 마음이 모두 이럴 것이라고 생각하며 그날 바로 공단에 등급신청을 해드렸다.

며칠 뒤, 등급판정을 받게 되었고, 결과만 잘 나오면 방문요양서비스를 받으실 수 있으니, 그것으로 내 할 일은 다했다고 생각했지만 문제는 이때부터였다.

하루가 다르게 통증이 심해져서 안방에서 부엌까지 기어나와서 겨우 싱크대에 기대어 국을 데우고, 밥통의 밥을 말아서 엎드린 채로 식사를 하는 상태에 이르렀다. 평일에는 이웃들과 경로당 친구들이 매일 찾아와서 점심 식사와 방 정리를 해드리고, 주말에는 자식들이 돌아가면서 집안일을 도왔지만 아침이 문제였다. 방문요양서비스를 받게 된다고 해도, 아침 일찍 와서 식사를 챙겨줄 요양보호사를 구할 수 있을지도 미지수였다. 약을 먹지 않으면 통증 때문에 침대에서 일어날 수 도 없었기 때문에 반드시 아침을 드셔야 해서 당장 아는 분에게 수고비를 드리면서 아침식사만 챙겨달라고 부탁했으나 며칠은 할 수 있지만,

지속적으로 해드리기는 어렵다며 난색을 보였다.

등급결과가 나오기도 전에 이렇게 고통스럽게 살 바엔 죽어버리고 싶다고 우시는데, 아무것도 해드릴 수가 없어서 마음이 너무 힘들었다. 그렇게 하루하루 버텨가며 목이 빠지게 장기요양인정서를 기다렸다.

드디어 인정신청결과통보서를 받게 되었지만, 결과는 노인돌봄서비스를 이용하라는 것이었다. 늘 반복되는 문제였다. 하반기부터 노인돌봄바우처 예산이 없어 새로운 대상자를 받을 수 없다는 지자체의 입장 때문에 서비스를 받을 기회가 사라져버렸다. 더 이상 어르신 혼자 생활하게 둘 수가 없어 결국 큰아들과 요양병원을 알아보게 되었다.

혼자 생활할 수 없을 때는 장기요양서비스를 받으면서 자신의 집에서 죽을 때까지 살고 싶지만, 필요한 서비스를 받지 못해 요양병원으로 내몰릴 수밖에 없는 경우가 어디 이 어르신 한 분뿐일까?

80세가 넘으신 분들은 어느 날 갑자기 몸 상태가 악화하고, 건강하게 혼자 사셨던 분이 며칠 사이에 몸져누워 일어나지 못하는 경우를 종종 보게 된다. 이런 분들에게 무엇보다 힘든 것은 앞날에 대한 두려움이라는 것을 이번에 절실히 알게 되었다.

○○○ 어르신은 60평짜리 이층집이 있고, 보은에 토지도 얼마간 있어 경제적인 어려움은 전혀 없으리라 생각했지만, 이미 모든 재산을 자녀들에게 물려준 상태였고, 수중에는 2층 전세금으로 받아둔 5천만 원뿐이었다.

자신이 아픈 것보다 '이 돈이 다 없어지기 전에 저세상 가야할 텐데.' 라며 '앞으로 돈이 많이 들어서 자식들에게 짐이 되면 어떡하나' 가 가장 큰 걱정거리였다.

동네 어르신들은 한결같이 '장기요양보험은 아프기 전에는 신청해도 소용없다' 며 '이미 병들어서 힘들어져도 신청하면 빨라야 한 달 뒤인데, 그 시간 동안 누구를 의지하고 살아야 하는지 막막하다' 고 말씀하셨다.

자신이 사는 지역에서 안심하고 지내려면 다양한 노인복지서비스가 필요한데, 현재 지역사회를 들여다보면 이웃이나 친구, 자녀들에게 의존하는 것 외에는 방법이 없다. 공식적·비공식적 서비스가 다양하게 갖춰져 있지 않아 서비스가 단절되는 경우가 이처럼 비일비재하기 때문이다.

얼마 전, 나는 장염과 감기몸살로 2주 정도 호되게 고생을 했다. 사흘간 아무것도 먹지 못해서 이대로는 큰일이 날 것 같다는 불안한 마음에 다른 사람에게 도움을 청하고 싶었지만 여러 가지로 여의치가 않았다. '이도 저도 안 되면 결국 병원 신세를 져야 하나?' 라며 이럴 때 마음 편히 이용할 수 있는 사회적 프로그램이 있었으면 좋겠다는 생각이 들었다.

예를 들어 '봉사시간 예금통장' 같은 개념은 어떨까? 자기 지역에서 필요한 봉사를 하고 이 봉사시간을 예금해 두었다가 자기가 필요할 때 사용할 수 있게 한다든지(사실 몇몇 지역에서 시도했던 적이 있지만 이런저런 이유로 지속은 되지 못하고 있다), 일반 노인에게 필요한 서비스를 등록된 봉사자가 제공해주는 유료서비스사업(식사서비스, 집안 청소, 산책친구 등)에 관심을 가져볼 수 있지 않을까? 앞으로 이것을 어떻게 사업화할 수 있을지를 고민해보게 되었다.

"여보시오, 거기 누구 없소?"라고 외치는 소리가 메아리로 돌아올 뿐, 손을 내미는 사람이 아무도 없다는 지금의 현실이 과거의 이야기가 될 수 있도록 온 힘을 다하는 것이

나와 우리를 위한 진정한 복지라는 것을 다시금 생각하게 된다.

외로움을
견디는 힘

노인복지를 향한 꿈과 의욕에 불타 겁 없이

첫발을 내디딘 지 24년. 숱한 사연과 가슴 저린 사연들을 만나왔다.

노인복지를 향한 꿈과 의욕에 불타 겁 없이 첫발을 내디딘 지 24년. 숱한 사연과 가슴 저린 사연들을 만나왔다. 내가 좀 더 노력했다면 더 나은 결과가 나오지 않았을까 하는 후회와 아쉬움이 어찌 나에게만 해당하는 일이겠는가. 하지만 그때 나보다 더 훌륭한 사회복지사를 만났더라면 그 죽음을 조금은 늦출 수 있지 않았을까 하는 생각을 좀처럼 떨쳐버릴 수 없는 일이 하나 있다.

당시 나는 1996년 일본에서 개호복지사 자격증을 딴 뒤, 서둘러 한국으로 귀국했다. 일본에서도 취업할 수 있었지만, 내 나라에 일본처럼 다양한 노인복지 프로그램을 도입하는 것이 바로 내 사명이라고 여겼기 때문이다.

그해 5월, 대전시청에 구직신청서와 자기소개서를 제출했던 일을 계기로, 사회복지법인 선우복지재단에서 일을 시작하게 되었다. 우리 재단에서는 가정봉사원파견센터와 가정봉사원 교육원을 함께 운영하고 있었고, 노인요양원도 부속되어 있었다.

나의 첫 업무는 우리 기관의 대상자이신 어르신들 50분께 매일 아침 도시락을 배달하는 일과, 교육원을 운영하는 일이었다. 특히 봉고차 한 대로 오전 중에 도시락을 전부 배달하는 것이 큰일이었다.

어느 날, 도시락 배달을 마치고 들어온 동료 복지사가 한숨을 내쉬며 걱정하는 말을 들었다. 동구 천동에 사시는 한 할아버지의 사연이었다. 매일 술만 드시고 식사를 안 하신 지 며칠이나 지났는데, 그러다가 큰일이 날 것 같아서 너무 걱정된다는 것이었다. 나는 어르신의 상황이 그렇게 안 좋다면 병원에서 치료를 받도록, 그리고 우선 단기보호센터를 이용하시도록 설득해보자는 생각으로 그다음날 바로 도시락 배달에 따라나섰다.

어르신이 사시는 곳은 후미진 달동네였다. 동료와 나는 도시락을 들고 부지런히 언덕을 올라갔다. 언덕 중턱에 자리한 할아버지 댁은 방 한 칸짜리 오두막집이었다. 그날 역시 할아버지는 술에 취해 정신을 차리지 못 하고 계셨고, 이부자리는 대소변으로 완전히 젖어있었다. 도저히 할아버지와 이야기를 나눌 수 없는 상태여서 나머지 도시락을 마저 배달한 뒤에 다시 와서 할아버지를 씻겨드리기로 했다.

도시락 배달을 서둘러 마치고 센터에서 할아버지가 입을만한 옷가지와 이부자리를 챙겨 들고 다시 할아버지 댁을 찾았다. 이제 술이 깨서 정신이 좀 드시는지 겸연쩍어하는 할아버지를 설득하여 남자 복지사가 목욕을 시켜드렸다. 그동안 우리는 젖은 이부자리를 걷고, 방을 청소하고 새 이불을 깔아드렸다. 나는 옷을 갈아입고 나오시는 어르신의 손을 붙들어 자리에 앉히며 “어르신, 계속 이렇게 지내시다가는 정말 큰일 나요. 몸이 다 망가져서 얼마 못 사실 수도 있으니까, 저희랑 같이 시설로 가셔서 건강이 회복될 때까지만, 다만 며칠이라도 좋으니 함께 지내요.”라며 간곡하게 말했다. 하지만 할아버지는 “죽어서나 나올 수 있는 곳을 내가 왜 가냐"라고 펄쩍 뛰며 손사래를 치셨다. 단기보호센터는 그런 곳이 아니라고 설명해드려도 도무지 들으려 하지 않으셨고, 그럼 며칠만 병원에 입원하시는 게 어떻겠느냐 권해도 "거기 입원하면 내 좋아하는 술도 맘대로 못 먹잖아. 난 싫어. 나 편한 데서 살면서 내 좋아하는 술 맘대로 먹다가 죽으면 그보다 더 좋은 일이 없어"라며 완강한 태도를 보이셨다. 몇 시간에 걸쳐 설득해보았지만 어르신의 생각은 좀처럼 바뀔 기미가 보이지 않았다.

아무런 조치도 취하지 않고 두고만 보다가는 정말 큰일이 날 것 같아 동사무소 담당자를 찾아가서 어르신의 상황을 이야기하고 단기보호센터 이용이나 병원에 입원할 수 있도록 조치를 취해야 한다고 설득했다. 그런데 명함을 내놓는 순간 담당공무원은 "아무리 가족이 없어도 시설 입소를 하려면 당사자 승낙 없이는 절대 안 됩니다."라며 의심스러운 눈빛으로 우리를 바라보았다. 그 순간 어르신을 걱정하는 우리의 마음이 입소노인을 찾으러 다니는 상업적인 것으로 치부되는 것 같아 다 걷어치우고 그 자리에서 뛰쳐나오고 싶은 심정이었다. 그래도 다시 마음을 다잡고 "그럼 병원에 입원하시게 해서 상태가 좋아지면 퇴원해서 생활하시라고 공무원인 선생님께서 권해주시면 어르신 생각이 조금은 바뀌지 않겠어요?"라며 그를 설득했다. 하지만 그는 "어르신을 입원시키려면 보호자서약이나 입원비 책임 등 모든 것을 제가 작성해야 해요. 그런 책임은 질 수가 없네요."라고 딱 잘라 거절하였다.

지푸라기라도 잡는 심정으로 센터에서 늘 이용하는 병원 원무과에 전화하여 사회복지사가 입원 시에 보호자를 대신할 수 있는지 물었더니, 입원 당사자의 승낙이 필요하다는 말만 되돌아왔다. 의료적 지식이 없는 사람이 봐도 생명이 위험한 상태인데 당사자가 거부하면 시설 이용도, 병원 입원도 할 수 없다니……. 사회복지사로서 무력한 내 모습에 뒤늦게 몰려온 피곤함이 온몸을 내리누르는 것 같았다. 터덜터덜 센터로 돌아와 아무리 생각해봐도 뾰족한 수가 떠오르지 않았다. 하지만 무슨 방법이 있지 않을까 하여 구청·시청 관계자들과 의논하다가 이틀이 지났다. 그날 아침, 센터 전화기가 울렸다. 아침에 도시락 배달을 나갔던 사회복지사였다.

"선생님, 어떡해요. ○○ 어르신 돌아가셨어요." 순간 머릿속이 새하얘졌다. 이후에 동료가 무슨 말을 하는지도 잘 들리지 않았다. 자리에 털썩 주저앉아 한참을 멍하게 있다가 겨우 119와 파출소, 동사무소에 신고하고, 사후처리를 하면서도 '왜 좀 더 빨리, 더 적극적으로 이 문제에 뛰어들지 않았을까?' 하는 죄책감에 시달렸다.

할아버지 장례식을 치른 후, 자원봉사자들이 방을 정리하다가 우연히 장판 밑에 깔린 만 원권 여러 장을 발견했다는 이야기를 들었다. 그 순간 '할아버지는 자신의 죽음을 스스로 정하고 싶었던 것이 아닐까' 하는 생각이 들었다. 할아버지를 위한답시고 뛰어다녔던 며칠간의 일들이 진정 어르신이 원하고 필요로 하는 일이었는지 생각해보았다. 하지만 한편으로 '할아버지의 죽음이 사회적인 자살방조는 아니었나?', '외로움을 견디다 못해 삶을 놓아버리신 게 아닐까?' 하는 생각을 지울 수가 없었다.

연명의료제도가 시행되고, 사전연명의료의향서 등록기관이 2018년 현재 전국에 48개가 있고, 국민건강보험공단 지사 178개소에서 사전연명의료의향서 작성을 위한 상담·등록을 지원하게 되었다. 웰다잉 교육이 자연스럽게 이해되고 받아들여진 지금, 이제는 상황이 좀 달라졌을까?

얼마 전, 평소 알고 지내던 사회복지 전담 공무원에게 이런 사례를 어떻게 해결하는지 물은 적이 있다. 여전히 당사자의 승낙 없이는 절대 입원 등을 할 수 없고, 가족이 없을 때는 더욱 어쩔 수 없는 경우가 많다며 한숨을 내쉬었다.

가족과 살든 혼자 살든 삶의 의미를 찾지 못할 때 생명마저 아무렇지 않게 외면해버리게 되는 것은 아닐까? 그 어느 때보다 지역 안에서 서로를 안아주고 손잡아 주는 커뮤니티 케어가 절실하다.

오늘도 나는 사무실 앞 작은 돌 마루에 앉아 이야기 나눌 사람을 찾아 걸음 하신 어르신들과 쌍화차를 한 잔씩 나눈다. 외로움과 헛헛함을 이길 힘은 사람들과의 관계에서 나오는 것 같다. 우리 사무실을 찾아오신 어르신의 얼굴을 들여다보며 마음속으로 '계속 그렇게 힘을 내주세요.' 하고 가만히 외쳐본다.

제 손이

따뜻한가요

발행일 2019년 2월
인 쇄 1판 1쇄
지은이 강외숙 · 김양희 · 김지영 · 박을남 · 부재옥 · 오복경 · 정선남 · 조옥자 · 황인옥
펴낸곳 주식회사 노인연구정보센터

서울특별시 용산구 한강대로 295 남영빌딩 303호
전화 070-8274-2100 팩스 02-701-0840
www.eic2010.co.kr

Copyright ⓒ 주식회사 노인연구정보센터, 2019, Printed in Korea.
ISBN 978-89-97117-55-0

이 책의 내용을 무단 복제하는 것은 저작권법에 의해 금지되어 있습니다.
파본이나 잘못된 책은 교환해 드립니다.